苦瓜臉的逆轉勝

郭國文的國會下半場

郭國文——著

目次

賴清德前院長親自站上第一線車隊掃街輔選。

3 月 8 日，賴清德前院長與黃偉哲市長偕同召開「爭一口氣」記者會。

推薦序

面對逆境，民進黨會爭氣

賴清德

今年立委補選距投票日二十三天時，我第一次出來幫國文輔選。站在善化的街頭拜票，熟悉的街景，卻出現陌生的感受。這是從二〇一八年九合一選舉民進黨大敗之後，基層民意低落，人民對民進黨冷漠的再一次親身體驗，就如同當天陰冷的天氣，看不見陽光，內心為這一場補選的不樂觀感到憂心。

台南一直以來就是民主聖地，捍衛台灣的主權深受全國肯定。這場補選不只是個人的選舉，更是民進黨是否能重新站起來、攸關二〇二〇是否繼續執政，重要的指標。在二〇〇八年民進黨陷入谷底時，也是從贏得一場場補選中重拾人民的信心，慢慢走出低潮。所以，為了民進黨，國文非贏得這席立委補選不可！

於是我提出「民進黨只剩一口氣，但絕對要爭氣」，希望民進黨大家能夠團結，同舟共濟，共同面對當前困境，一起打贏這場重要的戰役。因為這場補選再輸掉，中國將更大膽地對台灣進行各種併吞策略，懇請父老鄉親不要放棄民進黨，即便當時的處境只剩一口氣，但絕對會爭氣。並拜託大家踴躍出來投票，集中選票，全力支持郭國文，讓民進黨重新站起來一起為這塊土地共同努力。

我曾任台南市長，長期受市民的栽培，在關鍵的時刻就會做應該做的事。輔選國文，為民進黨守住一口氣，責無旁貸。還記得在輔選的過程，有如老天嚴厲的考驗我們，每次出發就開始下雨，且越下越大。我跟國文天天領著團隊，從未遇雨停歇，為了求勝，堅定意志接受考驗，每次雨中的車隊遊行，往往都是雨大到經過的車輛、商店看不見我們，而站在吉普車上的國文和我也已經睜不開眼睛，才不得不結束拜票行程。

加上府院黨團結一致，輪流來到選區幫忙輔選、打氣、炒熱選情，我們則繼續在地方跑遍選區內十四個行政區，市場、廟宇、路口，一步一腳印，握著一雙雙手傳遞內心的溫度，展現民進黨誠懇的反省能力。儘管當時韓流來勢洶洶，對手以強烈空戰的手段攻擊，最後在不斷的努力下，終於喚起了地方鄉親的善意回應，加上對手不斷的在政策議題上犯錯，終於，贏得了這場不能輸的選戰！

我真的沒有想到，國文這麼有心的將這個過程整理記錄出書，我想這對他個人或對民進黨都是很有意義及不能忘記的一次選戰。過程中的起伏轉折，更證明民主時代，人民才是頭家，選民的睿智判斷，不容政客亂開支票、欺騙，唯有踏實誠懇，才能贏得信任獲得認同。

我很高興，國文贏得了這場選戰。而民進黨也爭了一口氣，對照之前民進黨恢復了士氣，總算可以繼續扛起為台灣主權、捍衛台灣民主自由人權生活方式的重責大任！

我對國文的瞭解，有信心他不會辜負所有選民的期望，會珍惜這得來不易的位置，為台灣、為人民貢獻付出！

輔選期間，感謝許多支持者、幹部、志工的幫忙，非常感謝！以及辛苦了所有媒體朋友，藉此再次感謝！

推薦序

我眼中最樸實的農家子弟

崑濱伯

會和國文這個囝仔結緣，我印象中是在籌備《無米樂》這個紀錄片的時陣。我期待這塊影片可以在電影院放映，乎更加多人感受咱農家作穡（tsoh-sit）人「看天吃飯無怨尤」的樂天態度。就是在那個時陣，導演顏蘭權與莊益增找上了郭國文，國文當場表示看過此影片且深表認同，所以就安排去拜會當時的蘇煥智縣長，提供行政資源協助紀錄片得以上院線。後來在國賓戲院放映，因為紀錄片感動人心，一堆人看完後，爭相到無米樂的故鄉朝聖，菁寮社區也變成活的農村博物館，至今仍是國內外觀光客尚愛來的所在。

後來，我種的稻米又獲得冠軍，增添不少新聞報導，那時在縣黨部擔任主委的國文擱來啊，來幫我賣冠軍米，他到底幫我賣了多少包，我也記不起來，但是這款主動的精神，乎我對他更加好印象。

那個時陣，我就感覺這個少年對農民有深深的感情。和他實際接觸了後，才知道他嘛是出身關廟的農家子弟，更加乎我有很深的印象。後來知影他當選議員，做服務很認真。了後又聽講他配合國家的需要，辭掉議員、放棄辛苦經營的選區，跑去台北做勞動部的政務次長。然後為著偉哲拚市長辭官回到台南打拚，到現在做立委，替農民四處賣農產品。自認識到現在，他攏是同款，是我眼中最樸實的農家子弟，憨憨拚、憨憨做，親像不驚辛苦的台灣牛同款。

時任勞動部政務次長，參加菁寮社區稻陣無米樂復古收割活動。

2017 年卸任勞動部政次後，輔選偉哲市長期間拜訪崑濱伯。

推薦序

郭國文的逆轉勝改變了台灣命運

野島剛

郭國文這位政治家真正被台灣人認識，是在二〇一九年一月台南的立委補選。穿著雨衣，默默站在台南街角訴諸市民支持的身影。在他身旁的是，因背負九合一大選民進黨慘敗而辭任行政院院長的賴清德，媒體為了從賴清德口中問出些政治敏感問題，紛紛將麥克風閃過候選人郭國文本人，而聚集在賴清德面前。然而，浮現在賴清德旁的那張「苦瓜臉」，反而在台灣社會留下強烈的印象。

長期以民進黨台南市議員、擔任過勞動部政務次長而活躍於政壇的郭國文，通過這次補選，可以說終於取得全國知名度，最終可稱之為奇蹟般地在立委補選獲得逆轉勝。

為什麼在選舉的那時，郭國文會出現那張「苦瓜臉」呢？其實是因為他背負著巨大的壓力，其原因有二。

首先，也是前台南市長的賴清德幾乎賭上面子與未來，連日為他站台，如果他落選的話，也等於是賴清德的落選。

與賴清德前院長一同在大雨過後的街頭造勢拉票。

另外，在九合一大選吞下慘敗的民進黨，期盼能藉由這次選舉「止血」、改變命運。也就是說，郭國文的肩膀上，同時肩負著賴清德個人與民進黨兩個重責大任，這就是他那張「苦瓜臉」的來由。

原本，郭國文就是一個可以稱為過度認真的超認真男子，與一般人對台灣地方政治人物的狡猾印象完全不同。不只是台灣人，他的誠實人格也吸引著許多日本人，我便是其中之一；從我二〇〇八年擔任朝日新聞社台北分局長、採訪當年總統大選認識他以來，已經成為相當親密的朋友超過十年以上。

我也是勸說在立委補選逆選勝的郭國文撰寫本書的其中一人，本書的價值在於寫下在「苦瓜臉」背後的種種體驗，作為歷史記錄下來，傳達給自己的支持者與台灣人。

就結果論郭國文的逆轉勝，在台灣歷史上絕對是一件足以撼動歷史走向的大事，希望未來大家可以這麼記得。在二〇一八年十一月那場民進黨歷史性慘敗的九合一大選後，對跌落谷底的民進黨來說，這場補選簡直就是背水一戰。而立委補選的選區，分別是新北市與台南，很難否認這對民進黨來說不是劣勢。

直到投票前約兩週，我與某位認識的立法委員通電話時聽到，「新北市五五波，不過台南滿危險的啊。」連黨內同仁對本黨推出的候選人都覺得會落選時；說實在話，我們一群郭國文在日本的友人，已經想好萬一他落選的話要找他與他太太到日本進行一週愉快的療癒溫泉旅行。我自己在「韓流」最鼎盛、國民黨勢不可擋的選舉前半段，也幾乎沒想過他會當選。

然而，郭國文卻在最後一週追上對手謝龍介，甚至贏過他。若以日本的賽馬為例，簡直就是在最後的五十公尺迎頭趕上，再以些微差距穿過終點。但是，這樣戲劇化的逆轉勝對蔡英文與民進黨來說，有著非常巨大的意義。那就是「民進黨可還沒有玩完」！這樣的氛圍傳遞出去，從蔡英文就任開始，一路持續探底、低迷的民進黨士氣，一下子轉向光芒萬丈。

還有一個重大意義在於，這個台南第二選區的勝利，與賴清德的決定有關。在辭去行政院長後，他選擇回到台南充電；原先並沒有強烈參選二〇二〇總統大選的意願，但是，他的情緒被這種困難重重的立委補選給改變了。某次，我個人

賴清德前院長以車隊遊行積極輔選拉票。

面對即將參選民進黨黨內初選的賴清德，詢問：「您是什麼時候決定參加黨內初選的呢？」他回答說：「在立委補選獲勝的隔天，我突然覺得民進黨還有能量，而我也還能做些什麼！」

賴清德在黨內初選敗給蔡英文，卻讓蔡英文在政治上覺醒。理想主義傾向的蔡英文，就任以來一直無法發揮政治上的爭鬥技巧。有權者，總是要讓支持者看到戰鬥姿態，她因此離支持者越來越遠。與賴清德的這一戰，激發了蔡英文的戰鬥本能，其後，她與國民黨籍高雄市長韓國瑜之間的差距也大幅縮小，形成現今眾人所知的有利局面。

這樣想來的話，如果沒有郭國文的勝利，民進黨將無法從谷底翻身。如果沒有郭國文的勝利，賴清德將不會參加民進黨總統初選；而賴清德不參加初選的話，蔡英文就不會覺醒；蔡英文不覺醒的話，民進黨二〇二〇總統大選就不會有希望。

也就是說，這一切都是從郭國文的勝選開始的。

正確說來，郭國文並非台灣典型的政治人物，應該說，他是珍稀的那種善良、正直、樸拙的人。但是，他總是以意志力徹底實踐正確且他所相信的事情，這絕對是其他政治人物辦不到的。台灣人的善良在日本最艱困的二〇一一年東日本大地震，以兩百億日圓賑災金的形式越洋傳遞，銘刻在日本人心頭。我想，為了他人而傾盡全力，如此善良而不失理想的意志力，是台灣社會最好的美德，不只是我，也是許多日本人共同的想法。

因此，郭國文以台灣人的善良與意志力為武力，改變了民進黨的命運。如今，也將繼續改變自己的命運。

自序

郭國文

【六局下半的逆轉勝】

喜歡棒球的朋友，在比賽過程中，當支持的球隊落後時，總是期待逆轉勝的可能出現，在一般九局的比賽中，逆轉勝最有可能的局數通常在第七局，但若是少棒比賽只有六局的情況下，逆轉勝的機會相對渺茫。補選跟一般大選的不同，就在於時間相當緊迫，有如少棒比賽一般，而今年三月的立委補選，台南相對其他補選選區，竟然可以逆轉勝，而且還出現兩次。第一次是韓流來襲，我被謝龍介逆轉，而第二次逆轉則出現在選前兩天，就如同第六局下半，兩好三壞的情況，完成第二次逆轉，終於我贏了謝龍介！終於清流戰勝了韓流！

二〇一九年三月十六日的補選對民進黨而言是一場非常關鍵的選舉，是二〇二〇大選的前哨戰，除了是否能夠延續執政，更是攸關政黨的存亡，甚至主權能否確保等指標與關鍵的一場戰役。十年前看過木村拓哉所主演的日劇《CHANGE》，雖然劇情不同，但結果相同，也是逆轉而勝。劇情的最初，女主角偌長、發人深省的一段話，就說明了背景原委：「現在內閣支持率已經不到十％，創十年最低，倘若現在進行大選的話，肯定會被在野黨打得落花流水，本來選舉就不該分（黨內）派別，而是要讓百姓篤定去投票才對。這次選舉直接關係到即將要展開的大選，這個關鍵時刻，黨絕不能損失國會議員席次。」而現實情況下的台灣，在二〇一八年的地方選舉，就是被打得落花流水，執政的政治版圖大幅縮減，彷彿重現

陳菊秘書長南下輔選拜票。

與陳其邁副院長在立院議場前合影，暖男對抗寒流。

了之前兩次政黨輪替前的地方選舉一般，執政黨在地方選戰失利，而造成中央政權淪喪。

二〇一八年底地方選舉的挫敗，坊間的社會氛圍就是「討厭民進黨」，在施政未能符合民眾期待的情況下，就在挫敗的隔天，也是我在完成黃偉哲市長輔選工作之後，才開始進行補選工作。在社會仍舊是一股討厭民進黨的氛圍之下進行拜票之旅，所到之處，幾乎都被民眾「教示」，不論是同婚議題、菸價過高、一例一休……等，地方大選後的補選，有如橫掃過的颱風尾，強而有力，持續不斷，每天早晚身歷其境，常常在公眾場合被交相指責，簡直是刻骨銘心啊！

在這場補選的過程中，遭逢許許多多的困難，在正式展開選戰攻防戰之際，因新媒體的崛起及大量被應用在選戰之中，在宣傳交鋒上，存在著一些技術層面以及選舉策略的轉變考驗。但不論是補選的初選或大選，不同的對手卻同樣採取大量曝光且強力與網媒連結的情況下，討論聲量有如天壤之別。再加上初選的後遺症所造成的補選大選綠營分裂，而脫黨參選者挾著龐大的組織動員能力，出身於資源龐大的政治家族，對地方派系、組織人脈都相當嫻熟，如何去面對這些對手接踵而來的兩方攻勢夾擊，就成為選戰過程中種種的難題。

由於補選的競選期間非常的短，就我個人而言，離開勞動部之後，絕大多數的時間都專心在輔選市長以及議員，並沒有配置太多時間來做第二選區的部署，以致於選區民眾對我的印象，都停留在過去長久一段時間的新聞訊息累積，熟悉度確實有限，更遑論付諸行動給予支持。就這樣，在面臨空戰不利、陸軍又不夠強，各種資源又顯得捉襟見肘的情況下，要如何鞏固長期以來被視為綠營當中民主聖地的台南市第二選區，確實令我個人與團隊倍感吃力。

當然除了外在客觀因素之外，不論是執政包袱也好，韓流效應也罷，但是內心卻不時浮現對於當下政局的憂慮，驅使自己不時地進行反思，希望在重新自我檢視的過程中，連結更接地氣的民意。基於這樣的自省初衷，促成透過撰寫本書的機會，紀錄下三一六補選過程的點滴，藉以做為繼續堅定走在台灣民主改革道路的信念泉源。

【三一六輔選．清流對抗韓流】

三一六這場補選基本上創下幾項紀錄，首先，鮮少有這種雙逆轉的選舉，特別是在補選、且時間如此緊迫的情況下，最終竟可以逆轉勝，歸納其原因，除了黨內大咖投入輔選的時間點安排合宜，還有網路聲量的消長，讓整個選舉的頹勢，能夠在短短不到三個月的時間，產生這種雙逆轉的氣勢。

從對手謝龍介決定投入選舉以來，他的聲量第一次逆轉是在二月十七日、韓流首度來到台南輔選，夾帶著勝選的餘威，又結合禿子、燕子、探子的造勢，台灣前三大直轄市新任市長合體，總轄管人數超過八百萬人，而第二選區不過區區三十多萬人口，彷彿古代諸侯領軍數百萬的三大將軍前來攻打綠營小城，戰情緊

立委補選當晚開票結果，驚險逆轉勝，賴清德發表感言。

麻豆民主協進會的理念相挺。

確定勝選後，與競選工作夥伴留影。

迫可想而知。而韓流第二次來的時候，更是讓雙方差距整個拉大，一直到賴清德前院長身先士卒的投入輔選工作，加上阿扁總統適時的救援，以及蔡英文總統、卓榮泰主席等黨公職的加入，接續後面幾波造勢活動的成功拉抬，居然在短短二周內拉回十％支持率，從而創下補選史上最高投票率的紀錄。

【二〇二〇大選前哨戰】

這場選舉之所以如此受到矚目，是因為時間點恰好落在剛結束的二〇一八年地方選舉、緊接著又將面臨二〇二〇中央大選的考驗，使得二〇一九年的補選具有再一次檢視藍綠勢力消長的指標性意義。讓這場選舉儼然超越了單一的補選格局，所牽動的不僅僅是二〇二〇的勝負指標，甚至牽動到整個民進黨的未來發展，民進黨在台灣是否還有執政可能，甚至影響到整個台灣主權存續的問題，這些都是本次補選結果的觀察指標。之所以存在著多重的意義解讀，乃歸因台南市第二選區一直被認為是偏綠的政治區塊當中、最綠的地區，在藍軍刻意的操作下，不斷強調「綠到出汁」，第二選區也就成為藍軍在攻克長期由綠營執政的高雄後、亟欲乘勝追擊的首要目標。就在二〇一八年民進黨大敗之後體質最弱之際、此時韓流最強的政治氛圍中，一場短暫而激烈的選戰交鋒淋漓盡致，後期加上「清流對抗韓流」的輿論聚焦，使得雖有四席補選，但新聞報導幾乎都圍繞著第二選區，重視程度直逼全國大選層級。就如同我一再強調的：這不是場個人的選舉，因此有必要把選舉過程做一個完整的紀錄回顧。

更因為這場選舉，甚至影響到民進黨的總統初選；賴清德在初選的過程當中，屢屢提到他在補選期間參與輔選過程中的心情，所看到、所接觸到庶民百姓的真實反應，都是促成他投入的重要關鍵。這場總統初選引

2019 年 3 月 1 日，與小英總統至南化芒果園了解生長狀況。

賴清德前院長在佳里市場輔選。

發民進黨內部的衝突、對立，但衝突對立的結果，是蔡英文總統以「小英2.0」的蛻變結果出線，如今已足以與同一檯面上有意競逐總統大位的競爭者相互抗衡，就結果論而言，顯然賴清德的參與產生了意想不到的「鯰魚效應」，讓民進黨能夠在最短的時間內浴火重生，重新站穩台灣政治的主流位階。基於此，雖是補選的主角、卻同時也是賴清德參與輔選的旁觀者，必須將這場補選戰役忠實呈現，在後人談論起台灣民主發展的這個轉捩點時，才能有口述歷史般的文字依據。

【致謝】

本書得以順利出版，在書本編輯方面，要特別感謝我的助理植婷與欣彥，代為繕打談話逐字稿與潤稿校對等事宜，惟當中所舉列的諸種內容，概由本人負完全的言論責任。至於章節中所敘述的各個情節，在此要向為我奔波數十場、從市場到車隊、從路口到巷弄的賴清德前院長，小英總統在果園與直播場合的大力推薦，阿扁前總統無私的關鍵支持，陳菊秘書長數度南下讚聲，蘇貞昌與蘇嘉全院長的廟口加持，陳其邁副院長的立院送暖，卓榮泰主席選戰中的運籌帷幄，鄭文燦、林智堅、林右昌、潘孟安、翁章梁、還有黃偉哲等縣市首長的情義相挺，以及諸多黨內立委先進與議員們攜手努力，共同打敗韓流，才能產出本書所敘述的逆轉勝故事。在此一併誠摯感謝在過程中協力相挺的每位朋友。

01

沒有考上大學的博士

【國民黨看到黑影就開槍】

對照近期蔡英文總統陷入到博士論文真偽的泥巴戰，其實在回鄉打選戰期間，我也曾遭受類似的莫名指控。從勞動部辭官回到台南輔選，隨即投入市長與議員初選與大選的輔選工作，即便在選戰分工中只不過是配角，或許是輔選過於賣力，竟也被國民黨陣營當成主角般來攻擊。有一天輾轉收到了一個消息，國民黨中央大陣仗準備要針對我的博士論文召開記者會，從市長初選到大選，一直擔任黃偉哲競選團隊總策劃兼任發言人，或許是對方的選情膠著、無法突圍的情急，或是報老鼠冤，不然很難理解為何要針對輔選者，又為何跑到大老遠的黨中央，慎重其事邀請學術界大老一同出席，因此不免讓人聯想，國民黨中央這樣的行為不就是代表參與市長選舉的高思博陣營的策略嗎？如此大費周章不在台南卻又大張旗鼓地召開記者會，老實說，至今這樣選戰的打法仍讓人感到很納悶，因為不過是個助選員，又不是候選人。

在接到通知之後，了解一下隔天記者會的可能情況，約略知悉記者會的起源，應該是來自於某一位曾提出告訴的退休楊姓副教授。楊姓副教授經常在臉書上質疑我的論文，然而國民黨居然不經查證，不去仔細了解來龍去脈，以「看到黑影就開槍」以及啼笑皆非的指控內容召開記者會，令人感到十分訝異。在操作選舉議題上，居然是如此饑渴、飢不擇食，亦不管攻擊的對象主次之分，竟然以如此高規格的記者會惡意攻擊對手陣營的輔選者，此舉不但在選戰中沒有加分，同時進一步敗壞選風，使選舉文化更加惡質化。

至於國民黨所指控的憑據，極可能是來自於楊姓副教授長期在臉書發表的言論彙整，楊在臉書上發表指控說：「拖了將近一年半之後的去年九月，用學術界常用的驗證是否抄襲的軟體，讓一位成大學生到成大圖書館影印論文的第一章 PDF 檔，再轉為 word 檔，再用這套 Turnitin 軟體跑出結果，竟然有高達二十七％的抄襲率。在香港中文大學一般他們用十％來認定中文論文是否為抄襲？若是英文「用語意」甚至只要超過五％就認定是抄襲。」、及「濫用論文閉鎖條款不公開」等。

其實在博士論文寫作過程中，整部論文都是自己的架構和想法，而分析與論述內容中若有引用其他著作，也都會謹慎自我要求加上引註，以示尊重。不知道為何會被楊姓副教授指為抄襲？還以 Turnitin 比對軟體系統的重複率來誣指抄襲，對此舉措深感不解。一則在論文寫作時，校方並未要求一定要使用此軟體比對文字重複與否。二則此套比對系統，僅單純是一套文字比對工具，目的是讓學生寫論文時，得以比對是否有太多文字重複，但並不是用來審查已完成的論文是否抄襲的標準。而在使用過該系統後發現，連「第一章緒論」的文字，都列為計算重複率的內容，難道就能認定是抄襲嗎？

尤其是社會科學學群所撰寫的論文，引用過去所累積的研究成果加上引註，乃是常見的論述方式。另外論文寫作的引註格式也有不同，我在論文撰寫時採用的是「芝加哥格式」（CMS）的引註方式，只要有引用參考他人著作的地方，皆會在該頁下方註明，引用之後附上註腳說明，這在 Turnitin 比對系統中也會計入重複率。因此採用這種引註方式，在文字的重複率上，自然也會偏高。加上我的論文當中特別分析「財政收支劃分法」歷年的修改過程，眾多法條內文必定重複。因此，光以「重複率」來誣指抄襲，是很不負責的作法。

後來用此系統比對論文，排除掉參考書目、引用文字、以及附錄當中的法條文字後，比對的結果重複率只有十%而已。而且，目前大部分學校也沒有以重複率做為判定是否為抄襲的標準。Turnitin 系統的教學也說明各個學科學門論文有不同且專門的論述方式，重複率只是參考，是否抄襲仍須回歸到指導教授與口試委員的專業判斷。而校方所召開的違反學術倫理審查會，也是依據不同類別學門、甚至每一件都是個案審查，因此並不會只依據電腦比對系統產生的重複率來判斷是否抄襲。

當然，在國民黨的記者會後，隔日也隨即召開記者會一一駁斥，逐項說明國民黨指控上的謬誤，並且向召開記者會的四位代表——黃秀霜、陳宜民、李明、王鴻薇提出加重誹謗告訴。無奈本案偵查進度非常緩慢，檢察官一直處在偵查的階段，偵查終結的時間似乎遙遙無期，這個案子居然可以啟動偵查程序如此之久，卻連到底起訴與否都不清楚，每次去追問都有不同的理由。後來經輾轉了解，檢察官希望按照成大審查結果作為處分依據，而成大審查結束後又表示得參考教育部審查結果。最後，教育部審查結果出爐送到地檢署，但到目前（二〇一九年九月）為止，仍然毫無下文，看來要尋求法律途徑證明自己的清白，顯然還有好一段路要走。

【烏龍抄襲事件】

其實，在爆發國民黨記者會之前，楊姓副教授曾向成大數次檢舉，而成大也曾召開過學術倫理委員會啟動調查程序，從系辦到院辦，都親自出席說明論文寫作的過程，而校方早已給相關公文，證實無抄襲之情事。但藍軍腦殘竟針對一個已結案的烏龍檢舉事件，大舉召開記者會，並向教育部檢舉，而教育部也不分青紅皂白受理，並要求成大學術倫理辦公室重新啟動調查，於是我又被約談，同樣流程又複製一次，雖然其間，我曾向校方與教育部表示此類檢舉信函，應有所規範，不應有人檢舉就受理，一受理就啟動調查，這對於被檢舉人來說，豈非得面對無限次的調查，而學術資源也會不斷耗損，對於校方與個人的聲譽更將造成不可抹滅的傷害，但成大礙於教育部公文來函要求調查辦理未接受我的主張，而教育部除了要求各大學成立學術倫理辦公室，並未提出任何規範與準則，一概以大學自主為原則對外說明，並將來函轉呈丟給校方自行處理，不想對於學術倫理辦公室的運作有任何行政作為。

再者，成大博士的學程相當重，修課加上論文撰寫，前後總共花了七加二年的時間，長達九年才取得博士學位，對於自己的博士論文，雖不敢說有何重大的學術貢獻，但也絕不可能抄襲而來。如同我的指導教授

國立成功大學
NATIONAL CHENG KUNG UNIVERSITY

博士學位證書

(104)成博字第80334號

學生　郭國文
中華民國[redacted]年[redacted]月[redacted]日生
在本校　政治經濟研究所　博士班研究期滿經博士學位考試合格依學位授予法之規定授予　政治經濟學　博士學位
此證

校長　蘇慧貞

中華民國104年07月07日

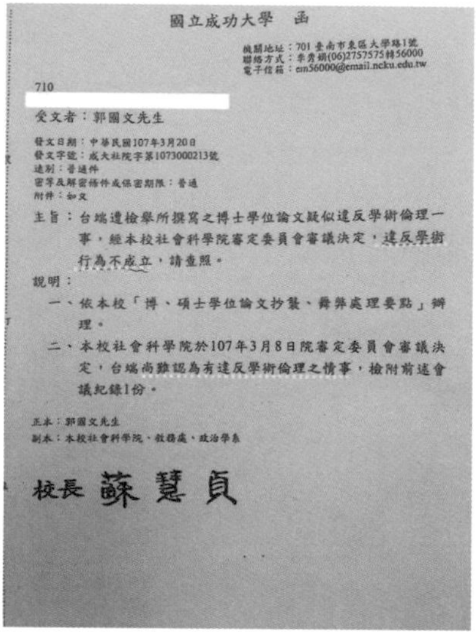

國立成功大學　函

機關地址：701 臺南市東區大學路1號
聯絡方式：李秀娟(06)2757575轉56000
電子信箱：em56000@email.ncku.edu.tw

710
[redacted]

受文者：郭國文先生

發文日期：中華民國107年3月20日
發文字號：成大社院字第1073000213號
速別：普通件
密等及解密條件或保密期限：普通
附件：如文

主旨：台端遭檢舉所撰寫之博士學位論文疑似違反學術倫理一事，經本校社會科學院審定委員會審議決定，違反學術行為不成立，請查照。

說明：

一、依本校「博、碩士學位論文抄襲、舞弊處理要點」辦理。

二、本校社會科學院於107年3月8日院審定委員會審議決定，台端尚難認為有違反學術倫理之情事，檢附前述會議紀錄1份。

正本：郭國文先生
副本：本校社會科學院、教務處、政治學系

校長　蘇慧貞

博士學位證書／成功大學論文審定委員會公文，證明沒有違反學術倫理。

所說：「博士其實是一個學習的過程，是一種養成教育，是一個比較嚴謹的學術訓練。」確實在研究所做的學術訓練，對在公共事務的想法構成、或是事實判斷認知都是有所助益的。而體會這個助益的程度，其實從碩班開始到博班，甚至於在現實政治環境之中感受日趨深刻。

一如念碩博班的初衷，是個人認為從事公共事務，其實要對自我有一定程度的訓練及要求，才能加深對公共事務的理解，並且使自己在日後參與政策形成的過程當中，能夠提出更為嚴謹的觀點，以及有較務實的態度，而日後當參與任何政策決策時，也可以提出較為精準的建議與主張。因為執著於這樣的理念，才尋求學習的機會去報考碩博士班，並藉由學術教育的養成提升自我能力。

在這次誣指抄襲事件爆發之後常想，是不是原來畢業的學校沒有那麼好，才會被人家質疑能力能否拿到這個博士學位。確實，我當年並沒有考上大學，所念的高中也並非名校，但是沒有考上大學，並不代表學習意願與能力。重點在於抱持努力、不懈學習的態度，不放棄任何一個機會，盡可能地了解自己所熱衷、感興趣的人事物。就像很多朋友都問我說為什麼老是穿著卡其褲，其實就是因為卡其褲是一種學生風格的裝扮，代表著不斷學習的精神，不僅方便穿搭，最重要的是提醒、激勵的象徵，提醒自己要時時保持著積極學習的心態。

明白自己的有限與學識不足之處，在考上台大國家發展研究所之後，於修業的過程中，逐漸深刻體認到自我學習的態度更為重要。不論是專案的研究、專題的探討、文章的撰寫，台大研究所的學生課程及培養學生自主訓練的過程，皆讓我受益匪淺，在完成台大國家發展研究所的課程後，也順利取得碩士學位。另一方面，就現實而言，台大畢竟是最高學府，台大學歷也相對的名聲顯赫，在從政參選時容易博得民眾的好感，也有一定程度的加分，這些都是在追求知識之外，額外得到的回報。

後來，回到地方的時候，當選縣黨部的主委，除了輔選期間較為忙碌之外，比較有一些自主調配的時間，可以充裕學習，也因此藉由報考成大博士班，透過學校的相關要求，強迫自我不斷學習。記得那年報考成大政治經濟研究所人數相當多，但名額只有五位，有幸一次就考上，只能說祖上有德啊。不過成大博士班的養成過程確實讓人吃了不少苦頭，需修滿三十八個學分的課程，然後又有層層考核，參與各式專題的座談，以及閱讀原文書的試煉，還有吃力的資格考，以致於博士班修習課程，在一方面要參與公共事務的情況下，一直延宕到第七年、外加兩年的休學期間，才趕在最後的期限把論文送交校方審查。

博士論文在遭楊姓副教授數次的檢舉之後，已歷經教評會與學術倫理審查會，且也經由外聘委員之審查會認定無違反學術倫理情事。而且在去（二〇一八）年三月，成大社科院即接到具名

通過博士論文口試時，與口試委員的合影。

指控，為此還曾召開院審定委員會，根據會議紀錄的審查結果，院長與所有委員已確認論文沒有違反學術倫理的問題。然而在市長選舉中，國民黨的高思博陣營未經查證就公然批判，顯然就是政治手段的抹黑，對於這種選舉操作方式，確實讓人感到深惡痛絕。

02

補選出的黨主席　輔選立委補選的艱鉅任務

【補選初選提名】

在這場立委補選開始前的提名階段，正好黨中央發生了重大的人事異動。因二〇一八年縣市長選舉民進黨大敗，縣市藍綠版圖產生劇烈變動，在此情況下，原兼任黨主席的小英總統負起敗選責任，請辭下台。於是，在立委補選之前，民進黨必須先進行黨主席補選，而補選後的新任黨主席卓榮泰甫一上任即要面對輔選補選立委的挑戰。

但黨內立委補選的人選提名時程，卻剛好落在蔡英文請辭後、補選的新任主席卓榮泰上任前。意即補選的最終提名人選要在代理主席期間產生，而新任主席則是承擔提名之後的輔選。而在這個黨內政權交接的過程中，受到黨的徵召提名。

民進黨的徵召其實有一定的程序，首先會有一個約詢的過程，詢問在當地傳聞有意參選、或勝選機率較高者。當時在台南市第二選區除了我之外，陳筱諭也有意參選，於是在雙方都表態有意願的情況下，黨中央在未經告知詳細日期及時間的情況下，逕自做了民調，也就是後來新聞上所稱的「內參民調」，姑且把它稱之為「徵召式民調」。

有很多人都不清楚民進黨徵召式民調和初選民調的差別，以為徵召就是徵召，而民調就只有一般初選民調的概念，其實並非如此。一般初選民調會有候選人的參與，有明確的調查時間以利擬參選人通知支持者，動員他們在家中接電話。但是徵召式的民調事前並未告知擬參選人，因為這是全然由黨中央所主導，擬參選人並不會參與。正因為缺少擬參選人參與的過程，所以一般民眾只會有一般初選民調的印象，而徵召式民調即便是有做，甚至已經做完了，民眾還是不知道，因此會覺得徵召就是和候選人私下談一談就徵召了。

也因為民眾普遍存在這種印象，使得在提名過程中，對手一直有製造文章的機會。怎麼製造文章呢？就是不斷喊出「明明說要初選，為什麼改為徵召？為什麼沒有民調？」等誤導性言詞，但事實上民進黨是有進行民調的，並根據當時的徵召式民調的結果，我領先對手各有六%跟十%的差距，也因為這個差距而獲得黨的提名。

也就是說，因為在整個黨的政權交接過程中，這個制度一直被錯誤的引導、攻擊，所以讓另名參選者藉此塑造提名不公的脫黨正當性，也為這場選舉增加了一定的變數。恰逢當時是民進黨權力真空時期，沒有辦法適時且快速的做出比較正向的說明，以致於進入到選戰末期，一直有「提名不公」的批評耳語。為了擺脫這個問題的糾纏，黨中央也請當時負責提名的代理主席林右昌出面、也慎重請新任黨主席卓榮泰予以說明，甚至秘書長羅文嘉也多次對外發言澄清、闢謠。儘管如此，對手仍舊掌握這個可以議題操作的空間，在選舉過程中，頻頻以錯誤印象與標籤攻擊，質疑獲得黨內提名的正當性，形成外界一定的壓力跟誤解，並使得這場選舉的態勢顯得更加詭譎難測。當然這樣黨內鬩牆的結果，也是間接促成國民黨謝龍介參選的主要原因——眼見泛綠分裂，自然覺得有可乘之機。

也有人提出疑問，為什麼在補選提名的過程中不採用初選的方式？事實上補選往往都是採取徵召，其中最重要的關鍵，就在於時間的因素。一般選舉的初選程序時間都拉得很長，至少持續好幾個月，若真要循初選模式，按程序走完則補選的佈局時機或也已經錯過了，所以礙於時間緊迫的緣故，通常都會由黨中央直接進行處理。從過去縣市長與立委補選的前例，幾乎都是由黨中央主導、採取所謂徵召的模式，在提名過程中，也會以民調作為參考依據，藉以創造徵召的正當性。當然也有極少數的例外，如盧秀燕就任市長後所留下的台中市立委補選，民進黨所徵召的王義川，當時就沒有公布民調，乃直接進行徵召。

簡單來說，補選的提名權在於黨中央，故全權由中央主導提名程序。針對所謂提名不公的質疑，往往多是想要脫黨參選的人所慣以使用的藉口，脫黨的人都會以「提名不公」來正

候選人產生方式對照表：

候選人產生方式	初選	徵召
人選	向黨中央登記	黨中央約詢意願
民調時間	公開	不公開
民調參與	可動員支持者	無法動員
民調結果	直接公開	內部參考

※ 資料來源：筆者自行整理。

當化自己的行為。但是這種說法是否能讓民眾認同，乃取決於民眾對於提名機制的理解，以及黨如何清楚的對外說明原委。

一般而言，初選民調大都會直接向外界公布，但是徵召式民調因為僅屬於內參用途，並不會對外公布，所以多數人都不清楚，其實黨內徵召也有做民調。這也因此成為相互製造矛盾的缺口，並使得提名程序容易受到外界質疑。這也是黨在黨務作業上所面臨的挑戰。

在這個問題上，黨中央未來如果面臨到類似情況，應事先將作業流程對外公布。雖然不用比照一般初選，但內部有做民調的這部分應加強向民眾說明，尤其更須顧及支持者的認知和理解，務必力求使民眾理解補選提名的作業流程，避免在選舉過程中徒增不必要的變數。因為對徵召程序不了解，或者對徵召結果不滿意而想要脫黨的人，往往都是以黑箱作業、提名不公作為訴求，希望把自己脫黨的行為正當化，而以這種名義脫黨，在

獲得提名後，與其他候選人（余天與黃振彥）在黨中央合影造勢，因三位候選人都曾擔任黨部主委，進而發想了「主委挺主委，一起當立委」的造勢口號。

競選期間，與立院歌王余天的合影。

實際的選戰中多半都會影響到綠營本身的票源，達到瓜分選票的效果。

【全黨救一人】

黨的因素在這次補選當中的影響，除了提名制度之外，就是輔選動員部分。因為前有對手抗議提名制度，引致於泛綠確實產生分裂跡象，加上陳筱諭在脫黨後，一方面砲轟黨中央的提名制度，另方面也貼出了與阿扁總統合照、並且提出特赦陳水扁等議題，確實拉攏了一部分綠營選票。黨為了解決票源分散問題，除了對外說明整個提名機制、期待化解錯誤說法所造成的危機之外，更為關鍵的，就是由黨中央安排蔡英文總統前往探視扁媽，爾後卓榮泰主席又牽線安排我與阿扁總統見面，適時的把脫黨參選人的正當性逐一瓦解，達到重新凝聚黨內支持度的效果。

選舉期間，因為綠營的分裂，讓謝龍介有機可乘，而陳筱諭炒作了特赦阿扁的議題，謝龍介又有韓流加持，對當時的選情來說，的確是腹背受敵。在情勢最危急的時候，同是台南出身而且全力幫忙輔選的賴清德院長，眼見民進黨受二〇一八年敗選的頹勢還未復甦，內部又有分裂的可能，所以才會說出「民進黨現在只剩一口氣」這種語重心長的感嘆。也因為賴清德院長這句話，激起了民進黨的危機意識，在之後的補選過程幾乎是全黨動員。

黨主席卓榮泰除了安排拜會阿扁總統之外，最後一天陳致中議員陪同在麻豆掃街，更是讓整個深綠支持者得以回流的關鍵。其實阿扁總統最後出面支持我，並不是什麼特別的政治因素或陰謀論，僅僅只是因為大局為重。既然是民進黨的一員，當然是以黨的團結為優先，絕非陳筱諭陣營所謂的「阿扁和新潮流私下協調不知交換什麼條件，有什麼好處？至今還說謊，做人無情無義」其實哪有什麼派系條件交換？只是做為同一政黨的黨員，優先支持黨所提名的人選而已。就如過去擔任黨部主委期間，策劃並執行辦了幾項支持陳水扁的重大活動，如牽手護台灣、官田惠安宮靜坐、入聯公投苦行、為阿扁人權苦行等，同樣也是從黨與台灣的角度出發而非個人考量，一切以大局為重，作為政治行為的準則。援引陳致中議員對媒體的談話：「陳水扁和自己都是民進黨員，因此皆須支持、力挺黨內提名的候選人，這是基本價值。目前民進黨正面臨困難挑戰的時刻，身為黨員必須承擔犧牲，支持者也應當團結在一起，有些事是超越派系、大過私情的，賴清德憂心台南只剩下最後一口氣，我們不能讓故鄉斷氣。」

府方及蔡英文總統也十分清楚理解這場選戰的重要性，所以蔡總統在三月一日來到台南地區關心水果農特產品價格和行銷通路時，也特別通知我陪同前往南化棗園參訪，因為總統行程有較多新聞媒體記者採訪，藉由這種陪同行程的同框方式，藉以拉抬在網路聲量上的不足，增加媒體曝光

2019 年 3 月 8 日，與黃偉哲市長拜訪阿扁總統。

賴清德前院長輔選。

量及能見度。

接續在三月八日，蔡總統亦於她的臉書動態貼出我以前的舊照、以及過去我和蔡總統結緣的故事。一九九六年我已加入台灣勞工陣線，當時台灣正準備加入ＷＴＯ，由於擔心加入後會對於勞工的工作權有所影響，我們舉辦了相關的座談會，並邀請當時在政治大學任教的蔡英文教授出

蔡總統的臉書動態貼出我與她的結緣故事。

席，這便是我和蔡英文總統結識的緣起。蔡總統這篇貼文一出約有四點九萬名網友按讚，加上兩千多次的轉貼分享，可觸及的網友就更多，對於聲勢拉抬有著相當大的助益。

而後，在接近投票日的三月十一日，也是我生日的那一天，蔡總統再度南下輔選，陪同到善化的慶安宮參拜，隨後走到廟旁知名的冬瓜茶涼飲店，自掏腰包買了五杯冬瓜檸

台灣加入 WTO 前夕，擔任勞陣秘書長的陳抗行動。

檬與冬瓜茶，請黨主席卓榮泰、台南市長黃偉哲和我一起品嘗，期間更與民眾話家常，互動熱絡，相當親民。當天現場約聚集兩百多位民眾，蔡英文總統特別和現場民眾以親切的口吻提到「我是英文，他是國文，他是我兄弟，希望大家能讓郭國文順利當選，繼續服務鄉親」。接著，我們一起前往善化農會了解在地農特產，而蔡英文總統也大方參與我的直播分享，同時大秀廚藝、親自下廚煮麵，共同推銷農會的善化芝麻拌麵，蔡總

台灣加入 WTO 前夕，與人權工作者黃文雄合影。

2019 年 3 月 13 日，蘇貞昌院長南下安定港口慈安宮輔選。

新竹市長林智堅兩次南下輔選。

統的參與，不但讓善化芝麻拌麵成為網路熱門商品，也讓我在這場直播在網路上引起廣泛討論，進一步提升網路聲量並達到參選以來的新高點。

當然不只府方、另外還有行政院長蘇貞昌、立法院長蘇嘉全、黨籍縣市首長、以及黨內諸多立委同志、甚至是市議員，都強力幫忙站台輔選。雖然當時網路笑稱競選過程是「全黨救一人」，但其實也顯示出了這場補選的重要性，關係到民進黨日後是否能夠繼續執政，甚至是主權是否得以持續捍衛的重要關鍵，所以大家紛紛撥出時間，投入這場別具意義的選舉。

03

仇家集結、冤冤相報

【派系與議長選舉】

仇家來自派系的分屬不同，而派系內外有別、政黨各異，甚至常有跨黨派系合作的現象，不論是議長改選或地方選舉，當然這次的補選亦似乎如此。關於地方派系，早在台大教授、現任陸委會主委陳明通的研究中，對於地方派系的形成，早有相當程度的定論，但他的研究主要是針對中國國民黨威權政府治理下的政治狀況，以及分析侍從主義操作間的地方生態。其論著與民進黨內的派系，以及台灣落實民主化之後的地方選舉所造成的派系恩怨，仍有一定程度的不同。此次的補選，剛好將多年來的台南地方派系，不論是黨內地方派系、或是黨外的派系因素夾雜其中，因此如何在補選過程中避免產生負面效應，則有如拆解定時且即將引爆的炸彈一般，棘手又刺激。在民進黨黨內派系由來已久，不論是報章媒體或是坊間傳聞，都有其部分的根據，但又過於片面。而本文所論及派系並非以黨內中央層級的派系進行說明，而是從地方觀點所作的政治觀察為主，在此僅概述有助於對類似事件的理解。

民進黨內的台南地方派系，主要是山頭之爭，而起源是來自於縣市合併前，許添財系統與賴清德系統的分野，如果投射在黨中央的派系脈絡，則是在於新系（新潮流）與非新系的範疇之內。原先在許添財系統的郭信良與陳亭妃人馬，在舊台南市時期，與賴清德系統長期競爭，其中煙硝約略可以從張燦鍙市長的參選、許添財與其競逐可知，在此時雙方早已有對立的態勢。一直到縣市合併升格為直轄市後，從地方首長寶座的爭取、賴清德當選首屆直轄市長之後的立委選舉，再到後來合併升格後議員席次大幅成長所引發議長職務的黨內對決，這些地方政治制高點的競爭，使得民進黨在持續擴張政治版圖的同時，派系間的對立態勢也逐漸加劇，抑或是因著派系競爭日漸升溫，使得版圖得以維持並持續擴張，或許兩者是互為因果吧！

在這種對立態勢的過程中，各派系不斷得維持既有的影響張力，各自擴大爭取選民的認同，跨黨派合作的現象也就應運而生，這讓台南綠營政壇在報章媒體所呈現熱度不減。上述現象，可從國民黨在議會的席次，自縣市合併升格以來始終維持不變，選了三次，一樣都是十六席，也無法與無黨合作取得正副議長寶座可以得知。到了第三屆，國民黨甚至只能以脫黨為合作前提與郭信良合作，以策略結盟扳倒民進黨提名的正副議長人選而沾沾自喜！

從縣市合併升格為直轄市以來，台南的府會關係一直成為外界關注的焦點。從第一屆議長改選、原台南縣議長吳健保的落選，到賴清德取消小型工程補助款等重大府會衝突不斷上演。後來賴美惠雖然順利當選議長，但當時仍有同黨跑票被移送黨中央處分，其中包括蔡秋蘭、陳朝來與梁順發等人，沒想到民進黨中央評議委員會最後僅以停權處分收場。黨中央這種處分方式，使得地方有了第一屆「跑票沒事」的前例可循；果不其然，第二屆議長的改選，跑票人數變多了，相較同黨同選區的另一名議員因亮票而

與邱莉莉議員綁黃布條抗議內政部頒給李全教議長當選證書。

被地檢署起訴，最後以緩起訴結案，竟有天差地別的待遇。而第二屆的議長跑票，因李全教涉及賄選，造成賴美惠落選，引發軒然大波。不僅讓賴清德不願進入議會備詢，且間接促成立院儘速完成地方制度法的修正，改為得以亮票。只是沒想到，第三屆的議長改選，部分民進黨籍議員公然退黨與國民黨合作，而中央黨部中評會竟以五比四表決通過，僅停權一年半的處分輕放通過，不禁令人憂心日後的黨紀要如何要求從政同志的行為。

第二屆議長改選的跑票，最直接的後果即是議長寶座落入他黨之手，也因此有賴清德抗議議長賄選、拒絕進議會之舉，首開台灣地方自治史上之先河，但也因此府會關係僵持不下，埋下後續藍綠嚴重衝突的導火線，過程中也造成我和謝龍介的大吵及衝突，因此多了不少冤家。這些冤家，包含了李全教、周五六等幾位與我互不對盤的藍營地方要角，因著議長改選所造成的政治恩怨，在補選期間相繼介入，「回報」在議會的表現，當然不會讓我太好過。

憶及彼此種下恩怨的情境，李全教把舊台南縣議會那套選議長的模式，套用在升格為直轄市議會的議長選舉，其結果令各界震驚。但更讓外界譁然的，是後續所引發的政治風暴，不論在民進黨內至今餘波蕩漾的派系衝突，或是仍在進行中的賄選官司，所引發的後續效應仍持續進行。回想議長改選當日，李和順率眾駐守監看，似乎是前來驗收部署運作已久的選戰結果，殊不知，此一耗資不小的政治算計，竟被賴清德以不入議會反將一軍，形成府會僵局，進而演變成議長誘請市長被監督的場面不斷上演。

【得罪「議長聯盟」】

其中李全教的部分，當初因為議長賄選問題，後來任職中途即遭到解職的處分，但在他解職前，由於府會衝突加劇，「民進黨台南市議會黨團總召」一職就顯得吃力且不討好，而在無人競選的情況下，我被公推為總召，彷彿是合併升格為直轄市之後被推選為臨時議會主席一般。因著總召的身分，在議會運作中，總召得負責防範李全教利用議長的高位，對市政府的預算進行杯葛，於議場常常和國民黨發生直接衝突。議場外又不時得召開記者會來進行會後的時事攻防，據此讓結怨加深。偶爾，還要屢屢率眾前往地方法院抗議，要求司法儘速審判李全教賄選案。如此角色分工，豈不讓李全教咬牙切齒、恨之入骨呢？

在賴清德市長決定重新進入議會之後，當然備受國民黨籍市議員的攻擊，這也是我跟謝龍介造成衝突一個很重要的原因。賴清德是否能夠如期完成施政報告，或者是否能在有尊嚴的情況下進行備詢，站在執政黨黨團的立場來說責無旁貸。擔任總召角色，當然身上的責任更是重中之重，特

針對李全教議長議事不公召開記者會。

別在府會衝突如此劇烈的情況下，當時幾乎所有的政治新聞報導都是聚焦在台南，而市政是否能夠順暢運作、在議長被他黨把持的情況下，市政推動會不會受到杯葛，當然也會影響到市長民調以及支持者的認同與否，因此對於當時的民進黨議會黨團來說，都是得優先處理的問題，所幸多數黨團成員展現團結意志，使得市政相關預算仍能順利過關。

簡單來說，在地方的這些「仇家」，都是出於議會運作所造成的恩怨累積，一方面是因為這種府會衝突的狀況，另一方面則是身為執政黨的議會黨團總召有必要帶頭對抗他黨，因此在議會的議事運作過程中，不論是議長改選得罪被開除的部分公職，或者是杯葛對抗賄選的議長，使得這群人都對我不滿，故稱為「仇家」。但是很湊巧的，這些因為議會而生的衝突對象，其勢力根據地都在這次補選的選區當中，除了脫離民進黨的蔡秋蘭出身西港、陳朝來七股人住佳里、梁順發盤據安定之外，在國民黨部分當然就是李全教以及和他相關的人員，包括他的機要秘書周五六深耕山區許久，而與他關係友好密切的李和順則活躍在麻豆與佳里地區，他們的主要地盤區都是在台南市第二選區，這也是本次補選選情之所以艱困的原因之一。

李全教本身是安定區人，當初在議員選舉時，就是在玉井區打敗民進黨尋求連任、長期經營山區的王峻潭，顯見他在第二選區有一定的勢力。而李全教在山區結盟的對象是周五六，周五六曾當過台南縣議會的議長，也曾擔任立法委員，同時他和李和順關係友好，兩人是前後任議長。而現階段周五六的妻子又是親民黨的立法委員，周五六的兒子周奕齊本次也接續打敗了民進黨所提名的王開玹（王峻潭之子），可以說家族勢力一直盤踞在山區。在本次補選中，整個山區輸給謝龍介四千零一票，顯見藍營長期把持山區，而且實力非常之強。

李全教和李和順的友好關係，在地方眾所皆知，在第二屆議長改選時即有李和順的影子存在，因此本次補選，面對的是舊台南縣當中藍營實力最堅強的三人結盟，在這三人聯盟當中，據了解，李和順的財務狀況最好，因為他的炳翰機構在中國有經營特殊許可行業，在長白山一帶種植人蔘。根據炳翰機構的官網介紹來看，炳翰機構於二〇〇五年登陸後，在中國東北部長白山區擁有近三千公頃的廣大蔘田，並且取得中國政府多項認證證書，顯然和中國官方關係融洽，讓他壯大在地方政治經營的人脈，也因此李和順就屢屢成為民進黨在台南長期潛在的一名競爭對手。

又中國在台南培養關係的另一個成功案例，就是李全教——他的表舅是現任福建省副省長李德金，這位李德金又與中國現今的國務院副總理孫春蘭關係相當好，等於李全教在中國的靠山就是孫春蘭。我們都知道中國在福建成立的平潭實驗區（或稱平潭特區），其實是中國有意對台商投資者進行統戰所成立的，然而李全教本人竟然在中國平潭實驗區成立元裾集團，該集團業務包括台灣貿易、營造、環保、飯店業等。許許多多的台商只要想去平潭投資，幾乎都是由李全教帶頭去看土地。由此可見李全教與中國政商關係良好，中國也在經濟利益方面對李全教有所優待。但因為賄選官司，李全教被限制出境，屢屢申請出境、屢屢被駁回，可見議長官司案對李全教的衝擊有多大，不僅從政路途受挫，連同中國的事業版圖也受到影響。至於在沿海地區，也因為先前由李全教牽線虱目魚和中國大陸契作，由此可以得知李全教在對岸早有一定的影響力。

所以說，在某種程度而言，在這場補選當中，對抗的是與中國頗有淵源的勢力，幾乎這些有宿怨的人，背後都和中國有一定的關聯性。這或許也是在這次補選中，對手想要一舉殲滅的一個重要因素。而補選所在的第二選區，長期以來都被認為是深綠票倉，非常具有指標意義，因此藍營在本次補選中著力甚深；如果能成功翻盤，對於兩黨二〇二〇大選來說都有重大影響。此次在第二選區遭遇到前述種種派系杯葛與宿怨者聯合手段的攻擊，加上背後中國紅色勢力的影響存在，處處受到嚴峻挑戰使得此次選戰打起來特別艱辛。

這場補選當中，面臨對手謝龍介挾帶強勁韓流的空軍優勢下，加上地面戰又受到這些地方勢力狙擊，對於候選人和輔選團隊來說確實是一場苦戰。幸而後來黨公職紛紛站台助陣，加上賴院長的大力輔選才得以凝聚綠營支持者的向心力，一舉扭轉選戰初期的頹勢，贏得這場補選。現在

帶領市議員赴法院抗議，請求法官加速審理李全教賄選案。

蔡蘇秋金議員在確定補選勝出後的溫情擁抱。

林志展議員共同參與協助農民銷售高麗菜活動。

回想起來，除了感嘆當時的辛苦之外，對於情義相挺者，內心充滿感謝。尤其令人感動的是蔡蘇秋金、林志展、以及陳秋宏議員，儘管當時受到地方派系的打壓，但打從競選之初，他們便義無反顧的與我攜手打拼，舉凡拜訪、掃街、拉票，都當成是自己選舉般的賣

陳秋宏議員偕同在街頭揮手拜票。

力。這宛若雪中送炭般的恩情，點滴感動在心頭，透過本書，再次向三位黨籍議員致上最高的謝意。

04 一例一休的漩渦

一例一休的漩渦，不斷被攪動，從勞動部任內至今仍餘波蕩漾，常常不想想起，卻又得常常面對，彷彿是掉入漩渦中無法抽身，只能隨波旋轉。特別是補選選戰期間，從補選初選之時到補選大選，即便是同黨同志或對手對於本黨所執行的政策，不但批判，且不遺餘力的負面渲染：「政策的始作俑者是曾擔任次長的某某某」，無非要將我成為這一顧人怨政策的代罪羔羊。一例一休的政策在擔任次長期間，不斷走訪民間說明，受到許多的挑戰，確實有不少的困擾，甚至於回到地方經營，過去擔任民代期間所建立的中小企業人脈也因此得罪了不少，部分勞工也是抱怨連連。終究，還是得面對此一政策為何如此顧人怨。

眾所皆知，九合一選舉，民進黨遭遇大敗，「一例一休」政策被認為是主要原因之一，在推動政策當時，擔任勞動部次長及發言人，也連帶遭受批鬥，在這場立委補選過程，被對手冠以「一例一休推手」這種標籤式的攻擊。一例一休原本是政府為了解決勞工工時過長，想要保障勞工休息而提出的法案，但在制度設計上無法讓民眾快速了解，最後實施的結果竟演變成民怨來源。尤其在中南部民眾更是怨聲載道，在補選過程中，也的確接到很多不滿的聲音，指責「一例一休」害他們收入減少。然而，就實際上來說，一例一休政策根本不可能是一個人提出來的，該政策的緣起，得回溯至二〇一五年立法院在五月一日勞動節，通過所謂的週休二日、給勞工的大禮開始說起。

2016 年 9 月 7 日，台中一例一休政策說明會。

2016 年 11 月 28 日，拜訪中華民國全國總工會。

【修法源起】

二〇一五年台灣勞工工時過長問題再度被提起，根據勞動部在二〇一三年的統計資料顯示，台灣年總工時兩千一百四十一個小時排名全球第三，僅次於新加坡兩千四百零二個小時與墨西哥兩千兩百二十六個小時。同時報章媒體報導，台灣每十二天就有一人過勞死的情況，台灣因此得到了「過勞之島」的罵名，使得當時朝野皆重視勞工工時問題，因此希望修法縮短每週工時，落實勞工週休二日，給予勞工充分而完整的休息日。事實上，縮短工時的政策，早在二〇一一年、馬英九總統準備第二次競選連任期間便已提出，但在連任之後都始終未能付諸施行，直到二〇一四年中，才開始著手規劃修法事宜，然當法案版本確定之際，已是馬政府執政後期，行政部門在法案的推動上相對保守退縮，形成了行政立法不同調的情況，埋下了爭議的種子，而後在新政府接任之後，這個前因所種下的隱患才真正爆發。

相關法案修法過程中，需要被檢討的面向，是立法院率先通過立委提案，而行政院版本不僅後送、且當時執政的國民黨黨團，對於該版本亦多有保留的情況下，未將配套修法條文排入議程，這在立法程序上實屬罕見。特別是這種涉及勞資雙方利益、足以影響勞僱合作的勞動法案，當時握有國會多數的國民黨立委居然不敢捍衛自家行政院所送出的法案，才衍生出後續一連串的爭議，也正因為是選舉年將屆，只通過勞工想要的縮短工時條款，卻不見配套方案的通過。

當初行政院的版本，在勞動部任職期間進行了解，有些配套措施一致性的同步調整，包括休假日總日數的修正，以使全國週休二日的勞動作息能一致化，避免受雇者與公務員休假規定落差，讓國假得以一致。而在每月加班時數上限部分，工商團體大老一再要求提高到每月六十小時，行政院版本則是堅持五十四小時，簡言之，落實週休二日，將每二週八四工小時，縮減為每週四十小時的配套方案，即是包括國假一致、以及放寬加班工時上限。但在行政院和雇主團體喬不攏的期間，立法院早已先行一步在委員會初審通過立委所提案、單獨將工時從雙周八十四小時降低為單周四十小時的版本。又當行政院版本送進立委併案處理時，執政的國民黨團對於配套條款存有疑義，因此在該次修法中，只處理降低工時部分，在其後勞動部著手修正「勞動基準法施行細則」之際，隨即引爆出「還我七天假」一連串的抗爭行動。當時適逢立院新舊屆期交替期間，新的第九屆國會決議將行政命令從備查改為審查，最終退回至行政院，並在蔡英文政府就任後失效。

換言之，「還我七天假」的爭議並非新的議題，而是在立法院從第八屆延燒到第九屆，新屆期的民進黨團初始決議，不應該重新掛勾處理，使得執政的民進黨政府，起初也是抱持著類似的態度，促使勞動部起初先恢復七天假，而後在接續重新進行政策調整的過程中，甚至演變成勞工團體轉向指責民進黨政府背叛勞工的濫觴。

原因在於縮短工時政策在新舊政府時期的延續，並歷經行政立法不同部門所推法案的結果。原本這個法案理當由行政與立法部門共同推動，但結果我們看到的，卻是行政、立法的不同調，讓相關配套的法條單獨處理，使法理基礎不再具有邏輯性，種下了陳抗的遠因。又這個法案在前政府時期本就應該完成立法，遺留下來的結果，又把主導權轉移到新政府的行政部門，而原本七月就應該要過的新修法案，其後因為勞團抗爭，在立法院臨時會再次踩剎車，造成戰線持續延宕，變得一發不可收拾。

【演變過程】

整件事情的來龍去脈從上述中進行梳理，從側面觀察是如此，大的政策走向是如何變化，法案內容未必是爭議的主因，反倒是修法的執行過程才是關鍵。在此分析說明並非卸責，該承擔的責任避免不了、也無從避免。整個政策爭議演變過程與前後政府的立法結果，可參見下表一、表二，很清楚的可以看見是因著前後任政府的政權輪替、以及行政立法部門不同調而產生的七天假等爭議。

而且一例一休真的有造成勞工權益受損嗎？總體來說還是縮短工時，縮短為每週四十小時。已經達成勞工團體在工運時縮短工時的訴求，怎麼會反而招來批評新政策會造成勞工權益受損？

就資方來說，當時反彈聲浪最大的就是工商團體，其中工商協進會理事長林伯豐表示，此版本通過，企業成本將大增，會以減產、降低成本因

表一：一例一休的立法沿革

時間	事由	說明
二〇一一年九月	馬英九公布「黃金十年」政策願景	為競選連任，馬英九政見中納入縮短法定工時至每周四十個小時，並配套推動周休二日制。當時勞委會表示，將研議修法減為單周四十小時或較有彈性的雙周八十小時。
二〇一四年六月	三十五場勞資座談會	針對降低工時的修法，達成三點共識： 一、每週正常工時不超過四十工時； 二、每月延長工時提高至六十小時； 三、國假假日減至十二日
二〇一五年四月	行政院修法版本送至立法院	行政院定調修法草案內容包括： 一、單週四十工時； 二、每月延長工時提高至五十四小時； 三、刪除七天國定假日
二〇一五年五月	立法院通過單條修正	在執政的國民黨立委對加班上限提高存有疑慮之下，僅通過由立委提案的「單周四十工時」單條法案，而無任何配套措施

二〇一五年八月	勞動部預告修正施行細則	由於工時降低未附加任何配套措施，引發工商團體反彈。在其他配套修法未能順利推動下，勞動部擬透過行政命令，刪除七天國定假日
二〇一六年四月	立法院退回施行細則	有鑑於工時降低至四十工時、尚且無法真正週休二日，基此立委咸認為刪除七天國假無正當性，遂作成決議將其退回
二〇一六年五月	有薪照顧假取代七天國定假日	施行細則遭立院退回後，勞動部曾研擬以有薪照顧假換取刪除七天國定假日，惟正值新舊政府更迭時期，最終未作成政策產出
二〇一六年五月	行政命令失效回復7天國假	新政府就任，刪減七天國假的行政命令撤銷，勞工先行恢復七天國假，待新修法配套方案再行調整
二〇一六年六月	新政府提出一例一休修法配套	新政府推出一例一休的配套修法，包括： 一、限定正常四十工時配置於五日週間； 二、提高可出勤休息日的加班費； 三、休息日出勤時數計入每月延長工時

表二：兩任政府的政策法案與官員對照

	馬政府（二〇一五年五月）	蔡政府（二〇一六年十二月）
立法	僅通過單週四十小時工時（利用排班可規避周休二日）	一例一休（落實周休二日精神）
行政	刪除七天假、放寬加班上限沒通過	刪除七天假
院長	毛治國	林全
勞動部長	陳雄文	郭芳煜

應，同時也會減少發放績效獎金，不利總體的經濟發展。而商總理事長賴正鎰則說，民進黨提出的版本會增加企業成本、降低競爭力，對中小企業衝擊大，很多中小企業都可能因此關門歇業，所面臨的衝擊相當大。

我們檢視一下這些工商團體大老的說法，主要是指一例一休通過之後，企業主不能要求勞工加班，但事實上並非使企業主不能要求加班，是因為每月延長工作時數（即加班時數）四十六小時上限沒有放寬而已。當時工商團體期待的每月五十四或六十小時沒有辦法實現，他們改盼望推動另種配套措施，但又講不出口，所以便一直痛罵政府所提的政策。這些工商大老不敢講出當初的訴求——想要把加班上限放寬，反而直接講成不能加班，但事實並非如此。

【火上澆油】

至於後來為什麼會有很多中小企業連帶起而反對這項政策，個人認為，除了前述所提到的勞資座談會配套措施未能納入修法外，期間所發生的兩個政策作為，也加劇了外界反彈的情緒。首先，在全台巡迴進行政策說明會時，最常被抱怨的，是勞動檢查強度過高的問題，回溯原因，為了確實落實勞動條件查核，二〇一四年底職安署研議了「督促事業單位遵守勞動條件相關法令實施計畫」，補助地方政府聘請三百二十五名勞檢人力，鎖定在雇主違反勞動基準法工時工資相關規定的裁罰，致使針對勞動條件的勞檢場次瞬間驟升，從二〇一四年僅一萬兩千兩百七十七場，二〇一五年則攀升至四萬九千七百六十四場，再到二〇一六年大幅提升至六萬七千一百九十四場次，某種程度讓中小企業、以及更廣大的微型企業來不及因應。勞檢措施強化後，把過去勞資之間未合法、處於模糊地帶的勞資協議，透明攤開的接受法令與社會的檢驗。這種將勞資默契檯面化的結果，就是雇主擔心被勞檢而受處罰，不敢再提出類同於過往、那種不符合法令規範的勞資協議，所以加班超時、或者是只給勞工加班而不給付加班費的情況，從此就戛然而止，沒有辦法擁有彈性（超越法律的彈性）的情況下，強化勞檢把原先所擁有的方便性降低了，因而爆發反彈的情緒。

就勞工反對的部分，其實同樣也是糾結在加班時數與加班費上，在強化勞檢、落實加班時數檢查前，實際上就已經存在勞工加班卻拿不到加班費的狀況，復以在老闆恐因勞檢而不願意付出更多成本使勞工加班的情況下，勞工普遍擔心收入會因此減少。所以，這項政策就在雇主覺得不便利、人事成本增加，而勞工則擔心收入有減少可能的疑慮下，陷落到兩面不討好的窘境。顯然，當時對於勞檢的不滿情緒，轉化為對一例一休的怨念。

另一個讓令社會更加反彈的，是七休一函釋（台內勞字第398001號）的廢止，當時因為某個超商店員連續值班八日，在自請離職後報警處理，事件經立委在國會殿堂上質詢揭露，衍生出一紙從民國七十五年延用至今函釋的適法性爭議（該函釋中規定可將兩周的兩個例假前後安排，使勞工連續工作十二天）。受制於立委們呼籲順應民意、廢止該函釋的壓力，勞動部當時未做妥適的評估，就驟然做出廢止的決定，由於事出突然，函釋廢止的訊息，我竟是在某位不分區立委的臉書動態中得知。而回歸到七休一的結果，或許回復了勞動基準法針對例假的立法意旨，但將近三十年的排班模式，怎麼可能忽然一夕轉變呢？於是，凡是涉及到排班的行業、抑或是人力向來匱乏的微型企業，全力反彈廢止的決定，認為此舉將提高人事成本，並讓忙季時期的人力調度更顯捉襟見肘。事後，儘管勞動部及時亡羊補牢，迅速的研議頒布新函釋（勞動條3字第1050132134號函），但靈活性與過去相比仍較為緊縮，讓箇中所積蓄的民怨持續滋長。

基於以上諸種不利於一例一休政策推動的背景因素，導致即便政府試圖設計讓勞資雙贏的制度——工資成本以價制量，工時安排總量管制。雇主若有額外的生產需求，可以等同於平日加班費率獲得人力；又勞工則在休息日納入延長工時的安排下，沒有過勞之虞，同時若有加班之實，亦可領取加乘的工資——最終淪為勞資皆不買帳的雙輸局面。而後經過媒體的不斷揶揄與渲染，復以店家普遍趁勢調漲服務與商品價格，終讓一例一休變成為民怨的代名詞。

【扮演的角色】

接著來談談在勞動部擔任的職務，以及整個法案推動中所扮演的任務角色。一例一休政策形成當時，我出任勞動部政務次長並兼任部會發言人，在法案前後有很多向社會宣傳的任務，或許也因為如此，才會在九合一敗選後、傳出由我主導推動一例一休政策。但其實勞動部的三位次長各有業管單位，我當時所負責的是綜合規劃司，是屬於主責宣傳溝通的部分，而職司修法的勞動條件司並非轄下，因此在政策及法案內容討論時，有很多重要的會議，因為權責劃分的關係，反而未能參與其中，但當法案版本定稿後，卻分工要去面對後續的宣傳溝通。也就是說，在法案形成前，為推廣政策主張，負責需要與勞工團體說明溝通，其結果當然是被罵到臭頭；而在法案出爐後，我卻得去跟雇主團體進行座談，又承接了龐大的怨氣。大概正是因為擔任次長這樣對外宣傳溝通的角色，又身兼勞動部發言人的關係，所以給社會的印象較為深刻，或許因為擔任政策說明的角色容易被認定為推手。不僅下台後被認定為推手或主謀，連同在擔任發言人而背黑鍋的案件中，也是吃力不討好。記憶最深的是「政策，不能是變形球」這篇報導，聯合報於新聞報導中寫了一句「事業單位主動突襲一般勞檢」，但我並沒有講過這句話，看到新聞之後聯繫了記者，記者告訴我原文中並沒有「突襲」兩字，這是稿件送上去之後，他的主管加的。然而這已經讓外界有一個印象是郭國文說要突襲勞檢。

離開勞動部，隨即二〇一八年九合一選舉的輔選工作，是「無料」的輔選，換句話說，在補選前，失業了一年多，這不是第一次失業，二〇〇

2017 年 2 月 8 日，勞動部長交接典禮。

2017 年 3 月 9 日彰化工商交流會議——一例一休座談會。

三年在離開全國產業總工會時也失業了一段時間，這兩次失業讓我有種感覺，兩次都跟勞工事務相關，但兩次都搞到自己沒頭路。而且這次更令人難過的是，因為修法事件之後，在議員與市長的輔選工作上，一些中小企業主的支持意願明顯下降，顯見擔任民代議員任內所累積出來的基層實力和社會基礎，受到一定程度的打擊。當然可以體諒理解的人還是有，紛紛為我抱屈，不斷提起當初不該辭去議員進入內閣。不過，我倒認為，個人利害難以評估，總是大局為重優先，畢竟，可以在中央層級參與不同院級會議，不僅增加見識，理解國家層級的運作模式，這樣的歷練養成機會實屬難得。就如同修法過程中，儘管沒能親身參與勞基法修法的歷程，從黨團協商、政黨協商等重要會議，大都透過網路直播的方式關注。期間，看著反對黨、甚至是執政黨自家立委，對於一例一休的法案大加指責撻伐，但作為總召的柯建銘委員，當時可說是舌戰群雄，一一動之以情理說服各黨派立委，徹底的貫徹了執政黨總召必須捍衛自家政策的角色。

上述在一例一休政策推動過程中所觀察到的脈絡，進而釐清政策分工，以及一例一休是如何對社會、政治局勢、乃致於個人生涯所造成的影響。而在整個事件中深刻體會到的是：徒善不足以為政——即便有好的善念，也不一定能成為一個好政策，不能只有道德關懷的心意，還要有具體完整的做法。徒法不足以自行——政策推動，不是立一個法就可以執行，還得要有後續的配套。就一例一休而言，在賴清德就任行政院長之後，回應社會的籲求啟動二次修法，以「四不變，四彈性」為原則，將休息日加班費改為核實計算、總工時不變調整每月加班上限至五十四小時、適度鬆綁七休一規定等，讓這股勞資不滿的漩渦，出現了緩解的契機，但迄今卻仍未平復。

至於勞基法，比較恰當的比喻，是它就像是一件 one size 的套裝，任何修改與剪裁的事宜，都必須有著同步的配套才能合身，沒辦法符合當前產業所普遍希望的『客製化』需求。在勞基法乃從工廠法沿革而來的歷程看來，或許在其法律下所隱藏的DNA，仍舊未能脫離過往大型、規律性的生產製造模式，這才讓中小企業及微型企業，甚或是各種新進、亟需彈性工作型式的新興產業，顯得格格不入。未來，勞基法該如何取得衡平性，相信需要更廣泛的社會對話來求取共識吧！

徒善不足以為政，徒法不足以自行，讓人深有體會。

05

深刻感人的輔選身影——賴清德

臉書好處就是替代了日記，可以很容易地勾起回憶。賴院長辭職南下的日期是在一月，當天鄉親們迎接陪同院長回台南的遊覽車到達台南時，已是天黑之際，準備著他最喜愛的食物「鄭記蔥肉餅」、「珍珠奶茶」，前往迎接，賴院長卸下日常的矜持，當場輕鬆地啃咬品嘗著蔥肉餅並步行回家，在支持者紛紛離開之後，與黃先柱主委低調進入賴院長家大門，想聽聽他對這場立委補選的看法，沒想到他開口即說：「國文你自己要好好加油！我沒有辦法幫你輔選，想要好好休息，你可以請黃偉哲市長多加支援。」當下雖然有些許失望，但仍未達絕望，總覺得自己努力衝刺，必能拚過大選，且賴院長經過一年多的政務生活身心疲憊不堪，再加上過去連續七年市長的行政生涯也是業務繁重的情況下，他確實是需要喘口氣，對曾經待過內閣的我而言，可以充分理解那樣的處境！當然需要好好的休息！於是依照賴院長的建議，轉而向黃偉哲市長請求協助。

【選戰開打】

在選戰一開始的打法，當然是最傳統的地面戰，因為過去在台南擔任過地方黨部的主委也擔任過議員，還算是有累積一些基層民眾支持的基礎，所以不論是地面戰或是組織戰，也漸漸開始成形，可是這樣的地面戰組織戰，在遭遇到韓流效應影響之下，民眾的好感與支持度開始變得不易累積。

之後，早晚不斷奔波，山海之間進進出出，卻仍無法有效擺脫脫黨參選的陳筱諭的票源分食，所謂「提名不公」常常被問起，而為何「一例一休」也持續被質疑，當然「新潮流」、「派系」等標籤像符咒或便利貼貼滿了，看不見真實的候選人，只有對標籤的質疑！

就現實而言，對台南地方公共事務的參與，最早是二十幾歲的時候就在地方出沒，也輔選過多場選舉，曾經參與的公共事務包含了：安定交流道的爭取、抗繳水租、老農年金的訴求，以及協助籌組工會，甚至在擔任議員任期時幫忙爭取噍吧哖文化園區，以及各種不同議題的倡議，例如新市政中心議題的倡議，其實就跟第二選區有一定程度的關聯性。但是這些公共議題或者是政策議題，受限於時間的因素，或者有時候是累積程度的不足，難以立刻轉化為基層支持的能量，組織和地面戰的奧援基本上就是需要時間催化，然而偏偏補選的所能爭取民眾認同的時間又特別短。

另一方面來說，地方選舉需要的還是熱情的傳遞，但站在執政黨的立場，在執政的狀況下，免不了會有包袱，再加上二〇一八年民進黨敗選之後，士氣低迷，相對韓流氣勢高漲的情況下，在補選期間四處拜會的過程中，還是能明顯感受到民眾對執政黨的冷漠甚至冷嘲熱諷，而且每次韓國瑜一來，韓流便帶來更加強烈討厭民進黨的氛圍，自然而然民眾就更加冷漠，非常明顯而且深刻的感覺。

一時之間，面臨了組織戰、地面戰動員的困難，再加上韓流效應下無法引起民眾支持的熱情，感受到選戰壓力越來越沉重，既便如此，仍不敢去向賴院長開口求助，只能要求自己更加努力，然而有一天突然接受到賴院長傳來的訊息，他說隔天要陪我站路口拜票，並詳細詢問活動計畫內容，問我打算在哪邊站路口，跟他說了隔天的計畫是在善化的光復路口與三民路口交會點。

記得那天是二月二十二日，賴院長準時出現在約定地點，隨即開始向趕著上班的民眾拜票，和鄉親握手、致意，還站到宣傳車上，親自拿著麥克風，透過擴音器放送，持續一個鐘頭賣力介紹，不斷地懇請支持，但即使是賴院長親自「打肉聲」（台語，選舉用語，指候選人或助選員親自用麥克風向民眾喊話拜票，而非以錄音形式播送），但還是好多位民眾不願意握手，民眾所表現出來的態度比當天的天氣還要冷，但候選人的心不能涼，只是讓人更加的體會這是一場非常困難的選戰。但終究賴院長的到來帶動了團隊士氣，也拉抬了一定程度的信心，雖然選情很冷，也漸漸開始有感受到選情增溫，接著賴院長安排了一個禮拜的廟宇參訪外加市場拜票的行程，在那個禮拜進入菜市場拜票的感受就很明顯的跟我個人競選團隊進入市場的感受是有相當程度的不同，冷漠感退去，溫度開始提升。

在與賴神同行一段時間之後，就變成了與雨神同行，在廟宇拜訪一段時間之後，在不是梅雨季節的日子，台南開始連續下雨。雨常常選擇在我們要出發拜票時出現，在我們行程結束時離開，回想那段時間曾經以為是老天的試煉，卻也是上天巧妙的安排。

這段與雨神同行的日子中，最難忘的是西港大橋那一段路程。

猶記那天要出發時，天上還下著毛毛雨，我們穿上雨衣依然士氣高昂，喊完加油口號之後，競選車隊就接連出發，但是隨著

大雨中仍奮力造勢拜票。

路程的拉長與時間過去，雨勢逐漸地加大，到了西港大橋的時候，已經是滂沱大雨，很明顯的感受到過往車輛只注意前面視線的安全，而不在乎我們的存在，或者說是因為雨勢太大，駕駛人們都只擔心行車安全，無暇注意周邊，但即便如此，賴院長用力揮舞的手臂未曾停歇，隨著他的動作同樣賣力揮手尋求支持，希望能夠爭取民眾的注意。

雖然這麼努力，但卻仍未收到周圍車輛明顯的反應，只感覺眼前的西港大橋越來越遠，看不到盡頭，心中不覺一陣酸楚，這段路走了好久，好不容易才到達盡頭。隨即蔡蘇秋金議員加入助選的行列，三人擠在吉普車上，她熱情爽朗的笑聲也為頓時失溫的團隊注入了一股熱力，但很可惜，這股熱力瞬間又被隨之而來的一陣大雨澆熄。

當我們競選車隊途經一家雜貨店時，一群熱情的民眾燃放鞭炮，揮舞雙手，示意我們停下來休息，在雜貨店停留休息的時間，民眾提供了薑茶、毛巾，以及親切的問候、加油打氣，感受到支持者的熱情，也重新增加了對於這場選舉的信心。因為這些熱情的問候，鼓舞我們不能停留太久，要把握時間，勇往直前，於是很快又搭上吉普車奮力地往前衝，想要多向幾位民眾致意爭取支持，但就在出發不到兩百公尺，天公不作美，這次更加不客氣，大雨傾盆而下，賴院長轉身搭著手臂問：「國文，你身體（狀況）能承受嗎？」我回答：「身體是能承受，但是現在前方已經看不清楚，這樣也是沒效。院長你是否要回車內休息？」賴院長當下才勉強同意地說：「好吧，我全身也都濕透，不然今天就到這邊為止。」於是才終止了那一天的拜票行程。

這天在大雨中拜票的過程，深深的感受到，即使是這種惡劣的天氣，也沒有動搖賴院長鋼鐵般的意志，賴院長以行動強力輔選，而輔選的力道之強，也帶動了周遭及團隊，感受到許多原先冷漠的群眾漸漸回溫，讓輔

賴清德前院長奮力輔選。

選團隊能夠勇敢地面對一波一波接踵而來強襲的韓流。

除了賴院長的清流之外，來自不同各地黨內先進所來的暖流來陪同掃街拜票，備感溫暖。

賴院長告訴我，當這些黨公職新進來陪同掃街拜票的時候，讓其他黨公職陪同就好。後來才知道，賴院長雖然沒有陪在身邊，但是那段時間他並沒有閒下來，他居然私下去拜會他以前的支持者，請他們一定無論如何要大力支持，即使有聽聞已經轉向支持謝龍介的民眾，他也努力的希望讓他們轉為中立化，即便有表明不願意插手這場選舉者，賴院長還是強烈的說服他們一定不論如何都要支持我。而這些都是選後在謝票過程當中，從七股王文財里長口中轉述才知道，院長除了公開站台之外，私下的拉票輔選一樣非常地盡心盡力，除了壓抑之外，著實也銘謝於心。

【清流對抗韓流】

其實在賴院長離開行政院職位的時候，很多人都在猜測他的下一步。當然也很有多支持者勸進選總統，在他第一天投入輔選的時候，就已經有媒體開始問他說：民進黨已經公布了總統的初選辦法，賴院長會不會參加黨內的初選？當時賴院長在第一時間內就回應，在三月十六號以前，補選最重要，其他的事情都留待選後再討論，而這個論調，不論是媒體記者問他、或者是支持者問他；在不同的場合不論是掃街拜票、參訪拜廟等，每每遇到昔日椿腳強力勸進，他的態度都一致，說法也相同，就是補選最重要，要打完這場選舉才考慮其他，或許是因為賴院長也感受到政治情勢的險峻，才會脫口而出「民進黨只剩下一口氣」的說法，而「民進黨只剩下一口氣」在他說出口之後，變成民進黨全黨上下一次的調性。

他說到：「最後只剩下一口氣，所以一定要爭一口氣，為了爭一口氣，要拚這一口氣，一定要贏得補選勝選。」這種說法也成功的凝聚了支持者的危機意識，帶動了競選團隊的士氣，那場選舉也因而在賴院長的一種使命感的呼籲當中，不斷的增溫、升溫，賴院長的強力輔選，最終帶動了選舉的熱度，以「清流」對抗「韓流」，原本遭遇韓流打擊的選情，也因此逐漸好轉。

在這無比煎熬的過程中，

賴清德前院長輔選，一旁為林志展議員。

印象尤為深刻的小故事，是在選前兩周時，卓榮泰主席打來電話，在內部民調出爐後，電話那頭表示「民調只輸謝龍介一・六％」。當下，半信半疑問了主席「真的嗎？」，主席隨即回覆「這是加權前的數字」。接著問「加權後呢？」，卓主席倒也誠實且用低沉語氣說「加權後還輸七・五％」即便從民調數據上認知到選情不樂觀，卻也只能拼命繼續往前衝。直到選前兩天，卓主席再次來電告知民調已超前二・一％，內心仍不免狐疑下追問「是加權前或後？」，主席堅定的表示是加權後的數據，當下內心難掩激動，卻仍然不敢大意，最終補選結果贏了二・七％。

綜言之，此次的立委補選，因為賴清德院長投入輔選，最後進而促使民進黨的大團結，在選前兩週民調還落後七・五％的情況下，選舉結果倒贏二・七％，一來一回逆轉勝了十％，從而也創下選戰的一個奇蹟：不論是補選投票率創新高，還是來回兩次逆轉（從綠到出汁被逆轉，然後又逆轉回來），這在選舉史上不曾發生過，相信這些紀錄將成為選舉史上不可抹滅的一頁！

06

高麗菜的秘密滋味

【不一樣的宣傳】

近期在關心農產品訊息時，閱讀到以下這則新聞：「有鑑於高麗菜的產銷失衡導致市場價跌的現象頻仍出現，農委會農糧署於今年八月首度實施種植預警措施，並隨即在九月發出第一次「紫色警報」，警告高麗菜種植數量已達七百餘萬株，超種達兩成，恐在十一月收成之際出現價格崩跌的情況。農委會已規劃採取出口外銷和加工等措施因應，藉以穩定產銷平衡。」產銷失衡的現象，從以前到現在，並不曾間斷過，相較於檯面上政治人物競相叫賣、抑或是簽訂MOU備忘錄的新聞充斥版面，事實上真正可以有效管控市場價格的，還是得回歸到制度層面，而這也是我來到立法院後持續關注的重點。

對於上則報導，關於高麗菜產銷失衡的問題，對我而言特別有感，不禁回想起補選的初選階段，那段讓選民至今仍津津樂道的高麗菜的滋味。即便立委補選已經結束將近半年，在地方勤跑基層行程時，還是有民眾很熱情的打招呼，並且談起送的高麗菜而結緣的那段過程。顯然，高麗菜的滋味，至今還留在他們的記憶中。為什麼他們會跟我不斷提起高麗菜的話題，最主要是我在爭取初選提名的過程，為了解決當時高麗菜過剩、造成滯銷的問題，不斷前往選區各地發送高麗菜，也因此和民眾結下善緣。

這件事情的起源是這樣的，二〇一八年的九合一選舉時，原本擔任黃偉哲市長的競選發言人，並且同時幫忙議員選舉，耗去不少時間；選後，即將就任市長的偉哲同時辭去了立委職務，如同外界預期第二選區的席次得進行補選，也因此在地方選舉結束，我才開始真正部署爭取補選提名。就在陪同林志展議員謝票時，同時進行拜票，累積人脈。有一天來到善化的牛墟市場，發現市集內囤積數量龐大的高麗菜，而且一堆竟然才賣五十元。不禁訝異菜價居然如此低廉，於是慫恿林志展議員拿他

補選期間發送高麗菜活動。

的選舉補助款出來幫助農民，阿莎力的志展一口答應，於是在十二月九日我就陪同志展在他的服務處開始發送高麗菜。沒想到當日消息一出，民眾相當熱情，長長的人龍不曾斷過，當場令人察覺到，透過分送滯銷的高麗菜，同時訴求民眾以實際的行動來幫助農民，既可利己又能助人，也因此鄉親參與的程度才會比想像中熱絡。

在志展議員發送高麗菜活動辦完之後，高麗菜還是處於生產過量的階段，並不能因一場活動而有所改變，價格仍然相當低迷，眼前救急之道，別無他法，為了解決農民可能血本無歸的問題，只能把此一贈送高麗菜的活動擴大舉辦。並透過邀請一些企業主共襄盛舉，善盡社會責任，媒合購買產量過剩的高麗菜，而這些熱心幫助的企業，因為內部無法消化這些收購的數量，所以依舊由競選團隊來幫忙發送給在地的民眾。一開始我們是從西港區開始舉辦分送高麗菜的活動，風聲隨後傳到七股區，當地民眾就表示很不開心，質疑為什麼贈送高麗菜只有西港有？於是在七股也開始發送，接著消息又傳到佳里，佳里人也覺得不愉快，不滿為何只有前面兩區拿到。就這樣的口耳相傳，發送的區域越來越多，到後面的抱怨甚至已經變成是小庄頭在抱怨為什麼只有大庄頭有送，為求讓所有鄉親都得以參與這場義舉，我們團隊就帶著高麗菜一直發送……一直發送……。

補選期間發送高麗菜活動。

一方面是需求端的呼籲，民眾認為不能因地區不同厚此薄彼；另一方面則是供給端的請求，農民跟我說：「你幫我賣了三分地之後，我後面還有四分地，要不要幫我一起賣一賣（給企業）？」我聽了只好開玩笑回應他：「還好老兄你只有種四分地，不是種四甲。」在這種需求端和供給端不斷提出要求的情況下，我決定找企業持續幫忙認購，越買越多、團隊也就越送越多。

【協助銷售八萬顆高麗菜】

相對的，已經是到了爭取補選提名時刻，並沒有太多的資源廣插旗子與懸掛個人看板，卻不斷的在發高麗菜，甚至有好一段期間，參選人的臉書動態都是送高麗菜的預告，很多人都難以理解的問到：為什麼只有送高麗菜的活動？難道都沒有什麼其他選戰策略嗎？畢竟以前我在選戰中的角色多是操盤手，怎麼在自己爭取補選提名過程中，卻打不出一個像樣靈活的戰略？幾乎所有的人都納悶，不論是記者也好，或者是曾經輔選過的朋友也好，都有這種質疑和討論。但就在送高麗菜到尾聲的時候，對手也開始跟著送高麗菜，甚至送其他的農產品，他們或許多少已經洞悉到此一活動背後的選戰效益。

因為送高麗菜這個活動，每每聚集數百位民眾先行到達會場，在等待載送高麗菜貨車抵達時及整理準備之前，大概有十到十五分鐘的時間，而這段時間就是和現場排隊的民眾進行互動、自我介紹，握手寒暄，加深印象建立起彼此的情誼最好時機，讓民眾認識了解我的政策論述、以及參選初衷等演說內容。同時強化此一活動的意義：為了幫助農民，解決農民的產銷問題，把僅有的資源投入在媒合、請託企業購買高麗菜來舉辦分送活動，然後趁這個機會向大家表示自己後續面臨黨內的初選，需要大家幫忙，藉機教導民眾接到初選電話該如何回答。因此，發送高麗菜的活動過程，某種程度已經取代了民進黨過去的「茶餅會」，甚至多了歡樂的氣氛。

民進黨傳統的「茶餅會」，是和民眾在住家客廳、車庫、騎樓等平常民眾聚集聊天的地點，展開小型的談話會，有意參選者在此場合和民眾聊天談話，趁機宣傳自己的參選理念。而我這種發送高麗菜的活

補選期間發送高麗菜活動，逐一向鄉親握手請安。

動，其實就是另一種茶餅會，透過發送高麗菜的方式動員他們出來，一方面得以與民眾進行意見交流，另方面也藉此取代茶餅會的功能，而這群領取高麗菜的民眾，通常白天在家，居家時間也遠比其他家族成員來的長，自然而然也是接聽室內電話比率最高的一群，這是高麗菜滋味以外初選過關的選戰秘密。

發送高麗菜活動辦了好幾十場下來，競選團隊最終統計過的數字，大概送了八萬顆，縱使有重複領取的情況扣除，直接接觸到的群眾，應該也離八萬不遠，這某種程度也說明了如何在短期之內選區如此廣大的補選提名中勝出的重要關鍵。或許懸掛的看板數量，遠不及對手十分之一，但卻在試圖解決農民產銷問題的同時，因而獲得意外延伸出來選民認同的回報。

到目前為止，還是時常遇到民眾提起那難忘的高麗菜滋味，可否再舉辦？我只能笑著回應說：「已經不能再送了，因為現在一個超過五十元，會牽扯到賄選問題，請大家多多包涵。」這個高麗菜的滋味，在民眾口中稱讚好吃的味道，醞釀出黨內初選過關、補選勝利的甜美滋味……。

走過整個補選過程後才深刻感受到，其實最大的考驗居然還不是在黨內初選，即便初選打得非常辛苦，但萬萬沒有想到，大選竟會打得如此慘烈……。

補選期間發送高麗菜活動。

07

謝龍介的叫賣術

【用吵架來炒作】

謝龍介如何竄紅？政壇上眾所皆知其實是吵架出了名！他曾經在擔任國民黨台南市黨部主委的時候，與初生之犢蔡麗青在街頭公開對嗆，當時就展現出他擅於吵架的天賦。他也常常在議場中與當時的市長賴清德唇槍舌戰，屢屢佔上全國版面，成為網路與坊間流傳的話題。而他的知名度也隨著「吵作」賴清德，政治位階瞬間水漲船高，即便在賴清德北上擔任行政院長相送之時，對當時的副議長郭信良的冷嘲熱諷讓郭當場難看，也成為地方熱烈討論的話題，最後並爆出最經典的名句「一生監督你一人」接著，就不斷在談話性節目出現了他的身影。

至於我跟謝龍介吵架則因沒有綜藝味也就鮮少為人所知。與謝的言語衝突也是發生在台南市議會，當時擔任黨團總召之際，衝突的時間點是在賴清德擔任市長重新進入議會之時，謝龍介在議場內與當時賄選涉案在身的李全教一搭一唱，李全教運用其主席在議場的優勢刻意放任謝龍介以言語對賴清德進行人身攻擊，並且企圖強扣黑金的帽子在賴的身上，以致於當時的府會關係不斷陷入嚴重衝突與對立。

在台南市議會期間，與謝龍介的唇槍舌戰。

在賴清德未進議會之前，李全教口口聲聲對外宣稱，若是賴清德重回議會備詢，必將以禮相待。但事實上卻是任由國民黨議員藉由質詢時間，趁機羞辱市長。時任民進黨台南市議會黨團召集人與黨團成員，勢必得出面捍衛。而上述所提起謝龍介質詢賴清德的情節，與外界常看到的調侃與戲謔有嚴重的落差，而是極盡污衊之能事，也因此起身捍衛賴清德，並公開挑戰謝龍介，發生嚴重的言詞口角，正當要進一步爆發激烈肢體衝突，就被各自同黨議員隔開，但是當下氣氛仍十分火爆，這些畫面曾在新聞媒體曝光，現在依然能在網路上查詢得到。但新聞熱度只有一兩天就過了，沒想到在第二選區的補選過程，對上了謝龍介之後，這新聞畫面重新被網友發覺，且流傳更加廣泛，成了選戰過程中另一回顧版的花絮。比較有趣的是，當初議場的衝突事件過了一、兩天後，當謝龍介在議會與我再次相遇，竟然還嘻皮笑臉且熱情打招呼，並邀請我進記者休息室閒話家常。讓人不禁納悶，此人對先前議會衝突看得如此雲淡風輕，即便之後又在餐廳吃飯偶遇，他仍如此，似乎這類的衝突對他而言，簡直是家常便飯一般習以為常。

但沒有料到的是，後來他竟成為這次立委補選中強勁的對手，回想起來，當初謝龍介對外表示並不打算參選，還記得在去年十二月中旬接受周玉蔻的廣播節目訪問時和他同台對話內容之中，蔻蔻姐曾經問他是否參選，謝當下表示並無參選之意向，而在此之前的公開談話中，亦是如此。也因此在選戰的初期，並未將謝龍介列入可能的競爭對手。但事後回想，或許那時謝龍介已有準備，只是在等待綠營初選過後，確定分裂，才正式宣佈投入補選。

隨著初選結果的底定，接獲越來越多謝龍介已遷戶籍到選區內可能參選的消息不斷傳出，而謝龍介對外的說法已開始修正為「若黨內真的都沒人願意出來，自己就會接受黨中央的徵召參與補選。」前後說法的轉變，

獲得黨內提名的證書。

補選提名後，發表首支競選影片。

從不參選到表態參選，或許是泛綠的分裂（指陳筱諭執意參選），讓國民黨有勝選的可能性，再加上當時韓流氣勢高漲的有利局勢，謝才會在一月十六日接受國民黨徵召，正式宣布參選。大致分析立委補選的第二選區，幅員遼闊涵蓋十四個行政區域，是台南市選區劃分中面積最大且過去泛綠得票率相當高，再加上補選時間如此短暫的情況下，謝龍介參選，顯然經過一定程度的利弊分析，誘因不外乎大情勢對他有利，同時又眼見綠營分裂，讓他覺得有機可乘，這樣的政治選擇不無道理。

果然，在謝龍介投入選戰之後，整個輿論情勢都是跟著他走，加上韓流的加持，讓謝龍介的聲量不斷上揚。還有他那種貌似詼諧、綜藝逗趣的口語，以及台語流利的專長，加上長時間以來搭賴清德新聞的便車，提高了不少知名度，讓自己成為政治行銷品牌，產生名人光環的外溢效果。接續又經由特定電視台的吹捧，讓他能不斷上節目爭取曝光，而且每回談論時間就如同專訪一般，讓他得以將節目內容製作成短片在各個影音平台重複放送，網路聲量也就不斷的節節攀升。當然，除了綜藝咖的明星光環受到一般選民的青睞之外，韓流的加持也是相當重要的關鍵點。這種空戰式的打法，讓他在補選期間甚至可以連續好幾天留在台北參加 call-in 節目，一直到了接近投票日，才採用車隊掃街來進行造勢。解析他的競選策略，在地面戰的比率相當低，幾乎都是夾帶空軍優勢、強力的大舉壓境；這種空軍作戰模式，在新媒體時代確實引起橫掃千軍的奇襲功效，讓處於空軍劣勢的我方補選團隊，只能亦步亦趨的採取「地對空」的作戰而疲於奔命。

【我的政治告別式】

我的競選團隊士氣最低落的時間點，卻是落在二月二十四日競選總部成立的那一天，令我印象猶為深刻。畢竟，競選總部成立，往往是一場選戰打下來的重頭戲，士氣理應最為高昂，但在本次補選中，卻事與願違。截因就在於前一周、二月十七日時，對手謝龍介舉行了一場「禿子（韓國瑜）、漢子（侯友宜）、燕子（盧秀燕）」三子合體的造勢活動，將藍營的選情炒熱到最高點。看到當時藍營所散發出來的必勝氣勢，縱使黨內同志嘴上不說，但多少在心底已然為這場補選預先做出了最壞的結論。

在二月二十四日、我的競選總部成立當天，儘管同樣眾星雲集，賴清德前院長、卓榮泰主席、陳其邁副院長、黃偉哲市長、以及其他黨公職前來造勢，但個個表情肅然，從他們臉上，絲毫看不到勝選的可能，彷彿像是前來參加我的政治告別式，不是來打氣，而是來集氣的。如今回想起來，真是辛苦了當天拼命嘶吼、想要炒熱氣氛的主持人邱莉莉與李政毅。

然而，即便已經努力在地面戰中奮鬥許久，並且歷經初選洗禮勝出，幾次民調的結果，卻還是無法扭轉被謝龍介超越的現實。根據當時的民調，謝龍介第一次逆轉我的時間是二月十七日，估計是韓國瑜第一波助選讓他聲勢大漲，有坊間賭盤傳聞，原本是我讓謝龍介三千票，但在一次韓流之後，賭盤竟然轉為謝龍介讓我三千票，而到了第二次韓流來襲，賭盤的讓票幅度竟然擴增到謝龍介讓五千票，從這些坊間賭盤的傳聞就可以知道，當時我的看好度是呈現一再下滑的趨勢。

除了坊間賭盤的傳聞，被謝龍介逆轉，後續在不被看好的情況下，選戰顯得格外的吃力，而選情最為危急的時刻，是在進入到正式競選期間，有兩家媒體公布的數字相繼報導的內容對我相當不利，分別是二月二十五日中國時報的民調，謝龍介三十四．九％，郭國文二十四．三％，以及脫黨參選的陳筱諭十一．九％；差距十％以上的確是不小的壓力，此時數字顯示，陳筱諭的脫黨參選，確實讓我陷入腹背受敵的困境，如果綠營支持者持續無法凝聚，最終情況將不樂觀。到了三月四日TVBS公布的民調差距更大，謝龍介支持度三十八％，而我僅有二十六％，陳筱諭仍有十三％，謝龍介領先差距擴大到十二％之多，這樣的民調數據公布，進一步重挫了支持者還有競選團隊的士氣。

面對外在不利的情勢，競選團隊的士氣低落感受特別的強烈，那種憂心忡忡的焦慮感在辦公室中蔓延，因此在選戰繁忙之中刻意找出空檔的時間，企圖透過短暫的午餐相聚，想要嘗試鼓舞帶動團隊士氣的可能，讓大家持續前進面對艱難的挑戰，但在食不下嚥的低迷氣氛下，顯然沒有達到預期的效果。原本想趁此機會鼓勵也藉機感謝黨部執行長蔡麗青等人員的進駐力挺，但是大家在餐會上幾乎全程都相當沉默，氣氛實在無法帶動起來。餐會結束後，殘酷的選戰現實還是得面對，大環境的不利與人民的冷漠，遠比對手的挑戰更加嚴峻。不僅如此，在處於落後的局面彷彿這場選舉已成定數，甚至早早就被電視談話性節目中的名嘴們判了死刑。有一天我跑完選舉行程回家難得打開電視，就看到某個政論節目在討論這場補選，其中一位來賓，是當選市議員不久的李明賢，當主持人要他評論台南的選情時，他說：「台南的免講了啦，百分之九十九一定謝龍介贏，我要來講三重的。」語畢，所有名嘴還有評論者笑成一團。很顯然的，不只是基層，連同媒體圈記者與名嘴，普遍認知此場補選的勝負已定。

而在兩波居於劣勢的民調公布後，在最後衝刺拜票過程中，民眾的問候都是「加油」、「保重」、「辛苦了」、「真苦戰喔」等安慰語，語調沉重並顯露擔憂之情。眼看著鄉親們彷若已有定見的神情，並無法因此喪氣，心中仍堅定抱持希望告訴自己無論如何絕不能輸，仍期待所有努力能夠最終翻轉民眾的投票意向。因為我深刻的知道，這場選戰非常關鍵，影響所及不僅僅是這個選區，更關係到二〇二〇大選的可能走向，乃致於整個民進黨接續的氣勢消長，甚至是未來更加難以預測的台灣政局變化。也因此，在空軍相對劣勢的情況下，馬不停蹄的持續堅定用陸軍的戰法勤走基層，宛若苦行軍一般，試圖找回並累積一點一滴民眾的認同。

【複製韓流模式】

事實上，我跟謝龍介在整場的補選選戰過程當中，除了公辦政見會之外，始終沒有面對面公開交鋒，大多都是隔空相互叫陣。剛開始的叫陣對話內容，就是挑戰他那種韓流式的操作手法。謝龍介所有的選戰議題設定，幾乎完全複製韓國瑜，而一貫的論述模式，第一步就是否定所有現狀，如同韓國瑜一到高雄就說「高雄又老又窮」，而謝龍介則指稱民進黨執政二十幾年來，沒有為台南做什麼事情。在否定現況之後，第二步就是製造虛幻的願景，韓國瑜自詡可以讓高雄發大財，而謝龍介則說他可以幫農漁民銷售農特產品，於是乎他為農產品拓展通路的說法也就越來越多。一下子說鳳梨可以賣兩百櫃，但是後來媒體報導查到的結果，只有賣兩個貨櫃；一下子又說賣魚丸，早上在善化市場掃街時，先宣稱賣了二十萬顆虱目魚丸，晚上政論節目卻變四十萬顆，隔天在玉井市場更增加到五十萬顆，短短二十四小時多能賣出三十萬顆，「一日三市」的政治訂單不斷上升，卻從沒聽聞通路、盤商從何而來，迄今外界仍不曉得現在他到底賣出去了沒有。甚至當時還以電視直播的方式，簽了一大堆文旦、芒果的MOU，但這些案子後來進行的如何，也從沒有聽他再提起。類似這些由政治人物親口說出來的承諾，都應該逐一被檢驗，如果政治人物可以信口開河，恣意騙取人民的信任，最終真正受到傷害的，不只是政治人物本身，還有人民對於民主體制的信賴。

在解決農民所遭遇到的問題上，相信每位政治工作者都有志一同，只是選擇的處理方式不同，就如同本書前一篇高麗菜的秘密滋味所描述一般，在補選初選之時，透過不少資源的募集協助農民銷售高麗菜，這樣以搭配廟口拜票行程的方式，所幸過程中有多位善心人士從中協助，否則在選戰資源非常窘迫的情況下，還要同時解決農民高麗菜過剩的問題，確實不容易。其實，幫助農民銷售農產品，賣高麗菜不是第一次，過去就曾經幫無米樂的崑濱伯賣了不少冠軍米，而更早在擔任黨部主委與市議員期間，都會購買台南的農產如文旦、芒果作為年節時分的伴手禮，所以對水果的行情有一定程度的概念，絕對不會說出所謂的「三十幾塊一斤」的外行話，送禮文旦的價格怎麼可能如此低廉，除非你根本沒買過。即便在沒有擔任任何公職的期間，關心也不曾間斷。基於對於農業政策的認知，認為農產加工業者對於穩定整個產銷制度與價格，具有非常關鍵的地位，因此在卸任了勞動部次長後，曾安排蔡英文總統、當時的農委會林聽賢主委、以及農糧署胡署長等相關政策主導者，分別前往參觀在地優良的農產加工廠。因為加工可吸納過剩的產量，藉此穩定市場盤價，同時提高農產品的價值，而從業者口中談論到如何將農產加工的多樣性及銷路的多元化，令當時的林聰賢主委嘖嘖稱奇；當場表示，沒想到民間有如此規模的農產加工廠對於整個產銷制度，還有盤價的維持，居然有這麼大的貢獻。這些關心的作為都是沒有見諸在報章媒體上、也只能在本書中稍加補述推動農產銷售的小故事。

另外，在補選的競選期間，在一次陪同蔡英文總統下鄉座談會當中得知許許多多不同的問題，有農民提到灌溉不足，點出農民遭遇的不只是行銷面的拓展，還有生產面問題，舉凡土地使用限制、農路維修以及灌溉水路功能的建立，這些都是農民反映需要政府協助的地方。於是，在補選當選立委之後，隨即著手了解農民朋友在生產面所遇到的待解難題，並逐

補選期間，小英總統視察南化芒果園。

一邀集部會局處首長或代表進行會勘及協調，尋求解決的方案並要求加以落實。而在農產行銷方面，除了透過委員會質詢，要求農委會拓展銷售通路，在擴大外銷市場之外，內銷的多元化部分，也積極媒合在地廠商或開拓新的通路，除了南科園區廠商直接購買在地農產品，還拉車到新竹，央請新竹市長林智堅協力銷售。至於選前引發最大爭議的「文旦之亂」，在選後、就任的隔天便即刻邀請陳吉仲主委到麻豆農會，向麻豆和下營產銷班的所有成員進行說明，做出保價收購文旦大果次級品一百萬台斤的承諾，以免干擾整個盤價。

回想選戰一路以來，引起最多關注的「文旦之亂」，其實反映的還是產銷制度失衡對農民生計造成衝擊的惶恐不安，之所以和謝龍介幾度隔空交鋒，就是不願意讓農漁民的生計問題，變成政治人物濫開支票騙取選票的手段，身為農家子弟，從生命的經驗中早已體會產

爆發文旦之亂前，與賴清德前院長至果園關心柚農。

銷失衡對農民生計的打擊與內心的無奈與無助，這是從高中時期以來就關心的議題，也是日後從政，永遠的課題！

08

吹向台南的韓流與文旦之亂

【文旦之亂的發生】

今年補選時的三月八號，似乎也是補選選戰的轉圜點，在夾帶寒流勝選氣勢，趁勝追擊欲取下藍營口中號稱「綠到出汁」的第二選區。當時謝龍介一副勝券在握，意氣風發來到綠到出汁中最綠的地區——麻豆。一群人浩浩蕩蕩，來到麻豆信仰中心代天府，說是韓流的外溢或是二〇一八勝選的旋風，總之，以藍軍當時士氣高昂的狀況來看，可以說是韓流的最高峰，韓流最強的時刻出現在台南最綠的地方。這股最強的韓流吹進最綠的選區，竟發生了在補選中令人最意外的插曲。

記得三月八號的時候，謝龍介在麻豆五王廟代天府先是大放厥詞說「王爺對他眨眼」等對神明不敬的話語，而且還刻意安排中天電視台Live轉播，找來台商和柚農現場簽約保證收購五十貨櫃、大約七十萬斤麻豆文旦，並且說出以「行口價加十％收購，四十元就四十四元收購，三十元就三十三元收購……等」，直接給外界一種文旦行情價在三、四十元之間的印象。而當時謝龍介找來助陣的陳姓農民在現場情緒激動表示「麻豆文旦難賣，有兩百萬噸文旦丟在曾文水庫」，因為是電視台的Live直播節目，這種發言內容一經播出，根本無可挽回，麻豆的柚農們紛紛忿忿不平的出面指控這是不實謠言，憂心會衝擊今年的產銷價格，而網路上也出現各種不同的分析討論，無疑擴大了謠言本身的殺傷力，開始了「文旦之亂」的序曲。

兩百萬噸丟水庫的說法，遭網友提出質疑，畢竟若是兩百萬噸的文旦柚丟水庫的話，水面上應該會漂著滿滿的文旦柚，怎麼可能去年沒上新聞，還等著農民來爆料？面對連番質疑，接下來謝陣營改口說數量是兩百萬斤，地點也從曾文水庫變成曾文溪畔。接著又召開記者會要證明確實有文旦賣不出去的狀況，卻再度被網友抓包，畫面其實是去年盤商丟棄的「次級品水傷果」。最後經台南市農業局調查後澄清，網路上盛傳的文旦因滯銷而傾倒果園作廢一事，事實上只是突發農損個案。說明去年該盤商向部分農民收購文旦後，因當時正值文旦銷售尾聲，而該批次因連日陰雨造成品質不佳，連帶導致售價低廉，所以才選擇將文旦倒置在果園。

面對謝龍介陣營這種不斷放出假新聞的操作手法，嚴重打擊文旦柚的市場行情，而麻豆柚農更是憂心忡忡，擔心日後文旦價格勢必受到強烈的波及，特別是謝龍介在電視上信口開河一斤三十、四十元的說法，已經讓他們直接受到傷害。期間也有報章媒體指出，柚農們說謝龍介是外行，沒把分級說明清楚，他們的客戶看到報導後，紛紛打電話向柚農抗議，為何謝龍介可以拿到一斤三十、四十元，老客戶卻買到一斤一百元？柚農們都被老客戶罵慘了！而且麻豆柚農都是小農制度，產量有限，怎麼可能有幾百萬台斤賣不出去倒掉，好的文旦「青吃都不夠」！這場麻豆代天府的Live簽約秀確實引發了不少討論，地方上不滿的聲音與負評也跟著延燒，謝陣營所舉辦的記者會所提出的荒謬言論一再被戳破，只是更加延續話題的負面效應，而種下選戰敗因。

在補選的過程中，謝龍介對外表現自始一向自信滿滿，一副穩操勝算的模樣；而選戰過程中，謝龍介初始的叫賣策略，確實引來正面的評價與迴響，連同綠到出汁中最綠的麻豆選區也看好謝龍介。謝龍介是一個口才便給的人，但是他時常慣用一種詼諧到近乎輕浮的態度，針對時事進行批評論述，所以在處理麻豆文旦議題時，習慣性輕浮、口無遮攔的報價風格，就在文旦之亂發生之後，他的錯誤就接連不斷。而這種時間很短的選戰，一旦犯錯就有可能造成翻盤的關鍵，更何況是接連不斷的出紕漏，最後形勢逆轉，選舉結果，我和謝龍介的總票數差距為三千六百六十四票，單一行政區麻豆就贏了謝龍介三千三百五十五票，事後分析一般認為謝的敗選與文旦之亂息息相關。這也符合我在選前所講的，麻豆其實是這場補選中的關鍵。麻豆之所以成為關鍵地區，當中一個重要原因，是脫黨參選的陳筱諭即出身麻豆地區，而選舉過程中發酵的文旦議題，影響最大的，也是主要種植地麻豆地區。復以在台南第二選區號稱民主聖地，而麻豆更是民主聖地中的民主聖地，以往大選得票，通常是綠營得票率最高的地區，當然在第二選區有舉足輕重的地位。就選戰過程與結果，西拉雅平埔族四大社的蔴荳社聚落所在，麻豆在西拉雅語中，即是眼睛、樞紐之意，果然這次選舉，麻豆這個眼睛就見證了台灣關鍵歷史的演變。

在此要特別感謝蔴荳民主協進會於選戰過程中的協助，正是有了這些在地社團的情義相挺，讓我能拿下關鍵決勝票數最終勝出。

也許是因為韓流的成功，讓藍營存在迷思，認為複製韓國瑜的賣菜郎經驗——先貶低現狀，而後再打出經濟牌，想要以這種戰法繼續套用在台南的補選。但是說要幫柚農牽線賣柚子到對岸，接頭的單位卻被踢爆只成立兩個月的私人公司，後又陸續被質疑價格太低、數量灌水、媒體操作過頭，側翼部隊甚至還冒出柚子倒水庫的假新聞。這一連串與事實不符的議題操弄，讓不少柚農相當不滿，民怨蓄積成為所謂的「文旦之亂」，也成了謝龍介立委夢碎的最後一根稻草。

文旦之亂的影響，不僅左右選舉結果，也造成農民人心惶惶，這件事情餘波盪漾許久，並未因為選舉落幕而結束，所以在我當選的第一時間，就先邀請農委會陳吉仲主委南下，在宣誓就職立委的第二天，陳吉仲主委便和我一起到麻豆農會召開說明會，做一些穩定市場政策的宣布，包括去年平均價格的保證、收購百萬台斤大果，藉以平衡文旦價格，並陸續舉辦多場促銷活動，希望能解除文旦農民的焦慮，真正平息補選以來的麻豆文旦之亂。

【台南人的智力測驗】

二〇一九年的立委補選謝龍介最大助力無非是受到韓流加持，在選戰初期就聽說，韓國瑜會來幫謝龍介站台三場。三場中的前兩波韓流，確實有效拉抬了謝龍介的知名度與網路聲量，但是到了第三場的時候，顯然就有點錯估情勢，氣勢而有所受挫。這場造勢活動的冷清，除了錯估情勢之外，也有可能是先前文旦之亂延燒的後果。

第三場的韓流站台，是在投票前一天的星期五下午，謝龍介選擇在麻豆的海埔池王府舉行「鮪瑜秀／農漁產業嘉年華」造勢活動，還請來前新北市長朱立倫、高雄市長韓國瑜與其妻李佳芬站台。根據當天的新聞描述，該場活動事前雖然聲勢浩大，但是實際上現場來的人潮卻不多。或許一來是因為當天仍是上班日，二來謝龍介選擇海埔池王府的廣場佔地太大，以致於讓在場人群看起來更加稀稀落落。

尤其當天還發生記者之間的衝突事件，中天、東森兩家新聞台記者互控對方動手推擠。在整個推擠過程中，根據媒體的報導描述，本來應該是主角的謝龍介卻被記者完全擋住。活動主持人要求媒體讓候選人站到前面，較為親近韓流的男記者右手攬著謝龍介的肩膀，試圖把女記者擠到後面，但女記者極力抵抗，卻遭到男記者明顯用右半身繼續強行推擠她。此時主持人與維安人員發現場面逐漸失控，上前制止該名記者的行為，畫面相當難看，而雙方電視台事後甚至在網路上互相嗆聲。網友們則對此感到憤怒，紛紛留言表示，「台南明天智力測驗」、「請台南人明天務必用選票支持郭國文，打擊造假造謠的韓流亂象！」並笑稱謝龍介是本事件最大受害者。原本該是造勢大會的主角，但是在記者採訪的對象可以看出韓國瑜反客為主，完全搶走謝龍介的鋒頭，在新聞效果上已是主次不分，加上當天最吸睛的、卻是記者間的衝突，完全轉移了民眾的注意和討論焦點，並且引來許多負評，可以說第三次韓流站台，反而導致了負面效應。

同樣是選前一天，在謝龍介選擇從下午就舉辦造勢大會的同時，補選競選團隊在一番的內部折衝與討論之後，採用一整天徒步掃街的方式拜票，並接納了在地資深議員蔡蘇秋金的建議，將最後一夜的佳里遊行路線大幅度的調整。當天早上，在卓榮泰黨主席、賴清德前院長的陪同下在新化區掃街拜票，尤其是新化最熱鬧的中山路，兩旁店家和民眾看到我們的

2 月 24 日競總成立大會，黨內黨公職共同輔選。

隊伍都熱情揮手，明顯感覺選情比之前升溫不少；路上所遇見的每一位群眾，我都是以小跑步的方式趕緊驅前和他們或握手、或合照，在選戰最後關鍵仍以掃街拜票的方式，透過小跑步，一步一步爭取選民最大的認同。中午則由總統府秘書長陳菊、台南市長黃偉哲等黨內同志在新市永安宮會師，現場賴清德院長提到藍營操作假新聞，傷害在地農民的心血，而這場選舉也牽涉台灣的民主與未來，習近平已說過九二共識並無一中各表，等於是一個中國的原則，對岸企圖將台灣的命運香港化，國民黨卻又爭相向對岸提出和平協議，「台灣不能是香港第二、西藏第二」，籲請鄉親投台灣一票。同時，陳菊秘書長也再三呼籲鄉親一定要出來投票，而且要集中選票，在關鍵時刻支持民進黨的候選人。

當天下午，隨即轉往麻豆地區的掃街行程，神秘嘉賓就是陳致中議員代表陳水扁總統陪同，另外還有林俊憲委員、麻豆在地的陳秋宏議員等，步行掃街時，沿途民眾紛紛比出二號手勢揮舞，有人燃放鞭炮歡迎，表示力挺支持。而助選人員則沿途用肉聲大聲嘶喊著：「各位麻豆鄉親序大，阿扁總統懇求、阿扁總統拜託、阿扁總統有交代，叫兒子致中代表來，懇請鄉親支持郭國文」，場面也是同樣熱絡。陳致中議員接受媒體受訪表示：「麻豆是他和他爸爸的故鄉，台灣精神的指標所在，民進黨的每一份子都很打拚很團結爭取鄉親認同，雖然過程中有困難，但只要大家團結一致，最後一定會逆轉勝，贏得最後勝利。」致中議員成了阿扁總統的分身，在他的故鄉呼籲集中選票相挺，確實達到棄保的作用。

【選前之夜】

選前之夜的最後衝刺，還在佳里區徒步掃街，晚上陪同者除了賴清德院長、黃偉哲市長、還有令人感心的鄭文燦市長遠從桃園趕來，即使忍著腹痛仍一路陪伴，以及在地議員蔡蘇秋金等。我們從北極玄天宮出發，途經青龍宮參拜後，再經延平路、文化路、中山路到金唐殿、四安宮參拜，經仁愛路、光復路到幽冥殿參拜，最後再回到北極玄天宮的廟埕舉辦晚會。

在我們要啟程之初，台下的群眾並沒有完全坐滿，但是現場已經可以感受到士氣非常激昂，出發之後，人潮慢慢地聚集，據報紙媒體統計的數字，剛開始約有五百人跟著我們一起掃街。後來在戰鬥車上的記者告訴我們，隊伍越走越長，甚至看不到隊伍的尾端，而且道路兩邊的支持者除了熱烈揮手之外，鞭炮與煙火也不曾間斷，現場凝聚的氣氛是越來越旺，彷彿進入嘉年華會一般，迄今回想起來最後一晚的那一幕，內心還是難掩激動！

最後一夜群眾熱情的氛圍，當下的感受，氣勢完全翻轉，對於支持者而言，先前的劣勢讓人感到憂心。在最後的關鍵，那種輸不得的壓力，在選前之夜全面爆發。每個人心中那種既焦慮又期待的心情與候選人一樣，彷彿都是選戰陣營的一份子，因此最後一天分七場的徒步健走掃街，分區帶動了綠營支持者的士氣，所到之處反應都非常熱烈，尤其是晚上佳里的最終場，熱烈程度絕不亞於韓國瑜來佳里站台的盛況，甚至可說是有過之而無不及。

當晚在佳里造就了扳回一城的氣勢，民眾最後一夜展現了決戰佳里的信心，讓他們看見了勝選的曙光，成功強化了支持者的投票意願。但反觀謝龍介陣營，最後一天的車隊遊行，一樣是選擇在佳里舉辦，他的競選總部就緊鄰在我們造勢晚會的旁邊，雙方相隔不到五十公尺；據了解，他的車隊遊行很早就出發了，而且是草草地結束，很顯然他對這場選戰有十足的把握，才會表現得漫不經心，連最後衝刺都提早結束。

在最一晚造勢的演講會上，上台的演講者不斷強調，這場立委補選是二〇二〇大選的前哨戰，但二〇二〇的大選所代表的意義，不僅僅只是台灣內部政黨輪體與否而已，更關鍵的是，會影響到台灣主權是否得以延續。二〇一九補選所產生的結果，可能一路影響到久遠的未來，所以在晚會上，賴清德院長也特別強調上述觀點，而我也對民眾呼籲：「這場立委補選不只是個人選戰，也代表台南人要選擇怎樣的政治工作者。這次選舉如果民進黨勝選，就代表民眾選擇愛台灣的路線；反之，如果選擇製造問題的對手，就是要靠攏大陸、向大陸投降。」這並不是打恐嚇牌，而是向民眾清楚地分析與說明台灣當前所面臨的政治處境所帶來的壓力，希望鄉親能夠仔細思考，以具體的行動選擇好的未來。面對我們誠懇訴求與呼籲，台下民眾不斷以掌聲給予熱烈回應，紛紛表示將以選票告訴對岸，不願意成為第二個香港、第二個西藏。

選前之夜賴清德前院長、黃偉哲市長、鄭文燦市長、林俊憲委員遊街造勢輔選。

那場造勢晚會的熱烈且氣氛動人，支持者因為焦慮和期待而閃閃發亮的眼神，真的讓人永遠無法忘懷。在選戰過程中，因為內外夾擊的緣故，民調支持度在二月中旬被謝龍介逆轉之後便一路努力苦苦追趕，在這種窘迫的危機感下，我們依然堅持到最後一刻、最後一分鐘。當時我們在台上演說，台下每個民眾雪中送炭般的溫情，以及許多關心的朋友，包括日本東京都前議員野崎孝男也帶著友人趕赴現場讚聲，眼中或許流露出焦慮的神情，但著實卻又充滿希望，不斷地吶喊加油，這些畫面都依然烙印在腦海當中。

將記憶重新拉回到當晚的造勢晚會，現場士氣激昂，民眾用力吶喊，每個人都對明天的投票充滿期待，在這種熱烈的氣氛下，晚會直到合法時間的最後一刻才結束。而宣布結束的一剎那，天空才開始下雨，現場的民眾並沒有感到掃興，反而紛紛覺得這是吉兆，是上天在祝福我們，工作人員也互相打氣，這樣看來我們不只有民意，還有天意。最後一天我強烈地感覺到，在全黨動員的努力下，我們把選民的熱情喚醒，也凝聚了支持者的信心，對於隔天的投票結果也增強了信心。

再次回想這場補選中的關鍵日三月八號，從文旦之亂開始產生了轉折，謝龍介選擇文旦銷售的議題，並且採取了韓流模式——先貶低、批評、提出問題，最後再提出建議解方。顯然試圖想要打經濟牌，但是卻用一種不負責的輕佻態度對待文旦產銷問題，而在說了一個不實的消息之後，又選擇繼續硬拗，導致整個選戰的氣勢逆轉，可說是自己挖坑自己跳。而我方在這波文旦之亂中，穩住陣腳奮發追擊，並且獲得全黨團結動員的奧援，成功喚醒選民的熱情，也讓綠營支持者的選票回流，因此才能獲得最終的勝選。

09

國會下半場的下半場

【新手立委】

在通過補選的試煉後，進入國會這個中央級的議事殿堂，新手上路，一切只能小心行駛；相對其他新手委員，透過補選遞補像是學期末的插班生，在相對陌生的環境中，剩下僅僅不到兩個會期的時間，如何快速進入狀況是新手插班生的首要考驗。對選民而言，根本無所謂新手不新手的差別，他們期待補選競選期間，所提的政見能兌現，當其他的委員可能有完整四年、八個會期的時間可以完成競選承諾，而我卻是在第七會期開始一個多月後進入立法院，好比替補球員在球賽下半場的下半場才上場比賽，只有約略四分之一不到的時間可以發揮。在時間窘迫的情況下，進入立法院的心情當然沒有因為補選結束而有所緩解，反而有另一種倍感時間不足的壓力出現，因為必須要在不到兩個會期的時間內，將提的政見努力的完全付諸實現，又需要回到選區兼顧拓展地方的組織人脈，以迎接下一場選舉的挑戰。

在新的職務上，最重要的其實是立院開議的國事問政，在進到立法院已是開議中的第七會期，先是得挑選委員會。因為幾位當選縣市長立委的遺缺均是熱門委員會，比較幸運的是，不用論資排輩，即可透過抽籤抽中了經濟委員會。由於經濟委員會所監督的部會，不論是經濟部或農委會，都與選區內地方發展與民眾需求較為相關。而經濟委員會算是我的第一志願，許多人以為我可能以社福衛環委員會為優先，那是對於曾長期參與社運與入閣資歷的連結印象，畢竟是選區所選出的民意代表，優先以民意需求的委員會當成第一志願。對於能夠進入第一志願的委員會，當然得把握每一次質詢的機會，不論是台商回台投資方案、產業創新條例、工廠輔導法修正等議題，都在審酌中央政策與因應地方需求，參與法案修正的討論和攻防，而在幾個重要的人事權同意案也積極抵禦在野黨的無理杯葛，扮演好黨團成員的角色。雖然會期中能用在經營選區的時間非常有限，加上台南第二選區非常遼闊，說是包山包海亦不為過，要做到盡善盡美的兼顧問政與選區經營或許尚有一段距離，但憑藉著過去累積的一些政治訓練與經歷，讓我在進入立法委員這個角色上，相對能夠及早適應，差別只在過去到立法院是備詢的角色，而當選後變成質詢的角色而已。

質詢者與備詢者究竟有何差別呢？記得有一次蘇貞昌院長南下台南美術館視察，私下他問我：「當立委，跟當政次，有何不同？」，當下直

與柯總召等立院同事徹夜守在議場大門口，等待隔日開議。

2019 年 3 月 25 日，首次在立法院經濟委員會質詢。

覺的回應，當政務次長沒有自己意志與理念實踐的空間，反倒是當民意代表才能有所發揮。某種程度，對於四百七十五天的政務官生涯，似乎是否定，但其實不然，畢竟擔任政務次長期間，不論偶爾進入總統府開會或是代表部長出席院會，以及被監察院約詢或是立法院備詢等等，都是過去的政治工作無法經歷的場域。透過這些會議的參與，對於國家政策的形成，有一定程度的概念，這是在地方政治難以體會的嚴謹過程。只是擔任副手，很難有施展意志的空間，有時連建議空間都十分有限，這樣的角色分工怎可能成為部會政策的主導者，每當選舉一到，對手就會將我塑造成一例一修的主導者，除了無奈，還真的有些啼笑皆非。不過，對於有志於地方經營的政治工作者而言，一旦選擇入閣就得承擔政治風險，對於可能的政策民怨，恐怕真的有可能成為日後從政永久的烙印。當初，基於重新執政內閣人手，因過去的工運資歷被網羅，毅然決然放棄多年所累積的地方經營基礎，實在沒有設想過日後在命運多舛的政務生涯，不僅僅高風險且無後路保障，當初顧及大局的考量，顯得是那麼不自量力的「憨膽」。

擔任立法委員的角色或許沒有如同政務官一般參與許多行政會議的機會，但接觸到的議題層面，從地方到國家的議題皆有，不僅多樣且豐富，且與即時的社會脈動有直接的關聯性。對一個政治工作者來說，生命經驗的累積跟政治參與力道在不同角色的轉換都會有不同層次的感受，但最重要的，是在角色之間如何在不同轉變間調整，就以立委職務為例，肩負著連結中央與地方之間的溝通橋樑角色，以前選民與政府部門的想法落差，往往面對不同的兩者或多端角色的溝通與意見整合取得適當的衡平，特別是在履行政見，逐步踏實的過程中，需要同理心理解不同職務本位思維的耐性，並創造出多方可以接受的結果，才得以感受到事情圓滿的成就。

長期以來，地方的市府在推動中央的政策時，包含市府所反映的一些技術性問題，市府各局處對中央政策推動的窒礙難行等問題，都需要中央資源的奧援方能迎刃而解。所謂中央的奧援，不僅只是預算挹注，還有法規疑義的說明與協調，而這些終究需要透過立法委員居中聯繫協助，對於地方取得重要的預算和技術支援才較為容易。此外，一些突發性的事件，像是水果價格波動所引發的農民反彈，如何積極在緊急的情況進行多方協調，並彙整出共識與問題解決處理，抑或因天災引發的農產損失等，都需要即刻將請主管業務的中央部會首長至地方現場勘察，譬如說農委會陳吉仲主委展現的行動力，多次親自下鄉和農民座談，當場提出處方，解決農民所遭遇的難題，大大提昇人民對政府的信任。

至於立法院的院會而言，上半年度是法案會期，恰好躬逢其盛，雖然沒有參與重要法案的修正過程，即便見證三讀通過的歷史時刻，依然令人動容，例如法官法修正，而其中涉及到司法改革的部分，從我年輕時參與社會運動以來，自一九九七年協助司改會策劃遊行之初所開始的訴求，竟歷經二十餘年之後才能把它付諸具體文字、形成法案，當然令人感慨不只是司法改革法案，還有包括政治檔案的解密，多年來有一些讓社會上無法釋疑的政治檔案，也趁此次民進黨在立院佔有多數的情況下，才有可能讓這些相對進步的法案三讀通過。期待將來可以參與或推動更多進步性法案，但這一切的期待仍得先通過選民的再次檢驗、繼續連任才得以實現。

立委的角色當然不止於議事殿堂，只針對國家重要事項的法案、預算做審查修正；在另一層面上，也是中央和地方之間的協調窗口。而在民眾的服務上就更加多元，對民眾的一般的認知，不會理解立委服務範疇是哪裡，有些陳情案件即便是議員、抑或只是屬於地方最小行政單位的里長層級，都會直接來找立委陳情。即便立法委員依職權來說，能處理的是與

在立法院召開控訴假新聞橫行的記者會。

為中選會主委李進勇的人事案解圍。

中央單位相關的事務，較為基層的地方層級案件，並無法直接有制衡的作用。不過選民對於民代角色並無分工的概念，不論大小事都要求協助，對於這些需求只能大小通吃，難以拒人千里之外，唯有透過地方選區普設服務處，發揮就地服務的功能才能盡可能滿足在地民眾的需求。

【曲曲折折從政路】

從政以來，常常會被問到：「你為什麼要從政？」通常存有這樣的疑惑，這些提問者或許主觀的認知將公共事務作為職志，視為異於常人。有趣的是，不論我在不同的場域參與，都會遇見類似的提問，先是在工運的場域、黨部期間，甚至於參選跑行程當下，都常常被問及。反倒是在行政部門任職之時鮮少被問起：「你為什麼要從政？」，或許在縣府擔任行政管理處處長、以及勞動部政務次長的職務才是正途，而其他場域的政治參與，一般的認知似乎是「不務正業」的刻板印象。其實不論在中央或地方、擔任的職務是行政官僚、立法代議士、抑或是街頭最前線的社運份子，對我而言都沒有分別，都是一種理念的實踐，只是在不同的場域落實而已。我個人並不會因為職務角色的不同，工作態度與心態就有所差異，簡單的講，從政對我來說，不是一種身分地位的表徵，也並非個人事業版圖的拓展，單純只是實踐讓這塊土地更為美好的理念初衷。

當初為什麼我會想從政？總是有人會有這種疑問，或許是跟家庭背景有關連，因為出身農家，從小三不五時就會看到或聽聞地方強權欺負弱小的情事，甚至連自家的建地被強行規劃成彎曲的道路只為了繞過前鄉長的家，或者是自家的良田被二高強行徵收，以及老爸辛苦種植農作物常以相當低廉的價格被盤商收購……這些種種不公平的親身遭遇，在成長過程中不斷重複的出現，雖未能完全明白問題的癥結，卻著實讓人對既有的體制感到相當不滿。

正因為長久以來經歷過種種不公平的狀況，自然而然比較傾心於改革既有體制，特別是站在相對弱勢的一方，不論是在學期間參與學生運動，對抗教官介入學生會選舉，或在民進黨崛起不久，就參與一九八九年立委增額改選的輔選，當時國會尚未全面改選，而輔選對象是當年政治明星洪奇昌醫師，而後又於一九九一年的國大代表選舉幫忙蘇煥智律師，之後索性辭掉工作，繼續協助蘇煥智參選國會全面改選後的第二屆立委。就在立委輔選期間結識了簡錫堦，不論蘇或簡均善於運用一些社會議題來凸顯政策理念，包括安定交流道的爭取、抗繳水租、老人年金等等，都是透過社會運動的手法，來進行訴求。當時被當下社會運動的操作手法與訴求公義的社會福利及經濟主張所吸引，選後簡隨即邀請至勞工陣線從事專職工作，在毫不猶豫的情況下轉戰工運。

只是沒有想到，這一轉向，就在勞工運動有如服役一般工作長達十一年之久，在人生最精華的階段，二十六到三十七歲之間都待在工運的場域。不論是蹲點、以辦公室為家，或者闖蕩街頭、策畫遊行，還是陳述政策、提出法案、草擬政策白皮書等，都是難得的工作經驗。尤其當時彙整出的台灣民間第一本勞工政策白皮書，讓陳水扁前總統於競選期間簽署，並作為日後執政勞委會的施政方向，使得陳菊擔任勞委會主委任內，多數的勞動法制，獲得空前的翻修。長年以來勞工運動對於勞動法制翻修的各大訴求，被體

1989 年首度參與助選活動。

制修正吸納，之後選擇在全國產總改選後離開工運場域，重新回到故鄉再次投入民主運動輔選的行列。在實踐理念的運動路途中，有兩個重點在社會運動場域著重於公平正義，而在政治領域之中則是台灣前途優先，四十歲之前為公平正義打拼，之後為台灣前途努力，兩者之間，都是為了台灣這塊土地的未來。

當南下的時候不久，所接獲任務備受考驗，就是二〇〇四年牽手護台灣大預演的活動。談起牽手護台灣是許多人集體的記憶，乍聽之下都會聯想到是二二八牽手護台灣，但事實上這個活動是從二月一日的預演就開始，也因為預演的成功，奠定了二二八牽手護台灣活動圓滿達成的基礎。該場是因選戰所發起最大規模的群眾運動，不僅對外展現台灣人民的意志，也成功保衛了本土政權得以延續的關鍵因素。牽手護台灣的總策劃成為返鄉之後的第一項作品。

任職台灣勞工陣線期間。

2004 年牽手護台灣活動，台南縣預演活動。

然而，在阿扁總統連任之後，接二連三的政治風暴接踵而來，在倒扁紅衫軍崛起時，作為總統故鄉的黨部主委，立即發起了惠安宮連續靜坐九天的活動，藉以抗衡一面倒的聲浪，接著不斷透過動員與遊行，以及舉辦座談會的方式，試圖穩住基層民心，不要讓總統的故鄉因此而淪陷。在不同的選戰中，不論是二〇〇四年立委輔選五席全上，或是二〇〇五年地方改選輔選順利達標，但終究在二〇〇八年，民進黨還是失去了政權。記得在縣市合併之前，那時台南市總統票數輸六千多票，而台南縣則是大贏七萬多票，同時三席立委全部當選，在民進黨遭遇重大挫敗、失去政權的時候，依然守住綠營最堅固的堡壘。

回到故鄉之初，剛開始選擇的是輔選角色，而不是馬上投入選舉，常有人問起，為什麼你自己沒有參與選舉？就如同前面所說，我一貫的立場，是不論職務與角色的差異，都是一種理念的實踐。即使卸下黨部主委職務，在蘇煥智前縣長邀請下進入縣府團隊，擔任行政管理處處長，進一步熟悉地方政府運作的基本原則，也對於公共政策的形塑與推動，更加理解跟體會。只是沒有想到進入公部門當中，仍舊得繼續扮演開創性的角色，以及承接特殊任務的託負——就是推動縣市合併升格。台南縣市合併升格，在眾人意料之外，幸運地以文化歷史城市的獨特性擠進升格為直轄市的行列，讓台南不致於在西岸的城市競爭當中缺席。不僅是台南的城市位階得以提升，對於日後爭取中央政府資源的撥補多有益處，使得原先的三級政府因鄉鎮市公所虛級化之後成為二級政府，從而增加行政效率，諸多重大政策得以順利推行，也因此城市文化特質曝光能量倍增，當然有助於城市行銷與地方發展。

一直到四十四歲的時候，才正式投入民意代表的選舉，這大概就是台語俗諺說的「食老才出癖」，對於同一學運世代參與選戰的比較，四十四歲投入選舉是相當相當晚，但對於過去未特別規劃生涯發展的我來說，好像也是順其自然的結果。總覺得應該經過民意的洗禮，是政治工作必經的考驗，基於這樣的認知，辭去行政管理處長選擇投入選戰。所幸，過去的努力與累積，受到社會的肯定，初次參選議員即獲得第一高票的成績。在議員任內，歷次的市政質詢，不論是永康鐵路地下化、嘸吧年文化園區、湯德章故居的保留、或是三爺溪的整治，均獲得了市政府的正向回應，從而使政見與問政理念得以能夠逐步地落實。

回想從八零年代末期初次參與街頭運動至今，已有超過三十個年頭的運動生涯，與同輩比較，民代的資歷相對資淺，之所以如此，在於早年投入工運多年，而後又以輔選為職務的黨務系統為重，歷經兩任縣黨部主委，才又轉進地方政府歷練。那時早已超過四十，初次參選民代已經四十好幾，只是沒想到市議員連任不到兩年，在執政團隊的要求下，創下首位進入內閣的地方議員紀錄，經過一番魔鬼般的訓練，才又重回輔選的行列，接續才又歷經一波三折當選了國會議員。簡言之，不論是體制外的社會運動，或是輔選為重的黨務系統，以及中央與地方級民意代表，又或是地方與中央的政務人員，我皆擔任過。上述不同部門的職務差異性，體會甚深，或許可以提供給有志於政治領域工作的朋友，一些差異化的比較。在此僅止於概略的描述，而從政之不同角色，難免挫折，只能對挫折冷感，成就敏感，或許如此從政曲折之路才能走得久。

10

與阿扁總統的歷史重逢

三一六補選，綠營產生了分裂狀況，卻也造就了我與阿扁總統的政治重逢。脫黨參選的陳筱諭，因為她的母親、前議員郭秀珠和阿扁總統一家私交甚篤，在大選的末期，陳筱諭貼出和阿扁總統合照後，並將合照看板大量懸掛，使其聲勢一度上漲。但最終阿扁總統在大局為重的考量下，公開呼籲綠營團結，不僅破除對手反新潮流的派系操作方式，使其無法大量瓜分綠營票源，此舉讓深綠選民重新凝聚回流，並將其邊緣化，使其得票率不及八%。

仔細回想，阿扁總統的表態，其實是在三月八日拜會之後。在此之前，我也曾經嘗試想要去拜會，但是在聯繫時卻意外地發現，我們想要拜會的訊息根本沒有傳遞到陳前總統那邊去，甚至陳致中議員公開否認有收到任何前往拜會的消息，此事至今仍是一個謎。但不論如何，尋求拜會陳前總統，希望得到阿扁的相挺是不爭的事實。

而三月八日拜會的行程，在卓榮泰主席積極巧妙的佈局安排下終於成行，當天，陪同我前往探視前往拜會陳前總統，除了黃偉哲市長外，還有黨部評召潘新傳。這也是我在離開縣黨部主委職務及阿扁總統卸任後，兩人首次的重逢是四人聚會。話匣子一開就聊個不停，在於我們曾共同歷經許許多多的艱困戰役，卻始終沒有機會好好坐下，彼此討論與心得分享。當時我所擔任的縣黨部主委職務，鮮少直接與阿扁總統有所接觸，即便見面也是多人會議的場合，能夠如此敞開心扉、交換心得實屬難得，經過此

立委補選前夕與黃偉哲市長一同拜訪阿扁總統

次的暢談，阿扁總統應該更清楚明白過去我在縣黨部主委任內，無疑是他政治指令的下游承包商，多數所承包到的政治工程，大多與他間接性指派任務有關。

【將麵糰揉成麵線】

離開工運場域失業半年多，回到故鄉輔選，前老闆蘇煥智縣長安排我擔任時任縣黨部主委，掛名南縣競選總部總幹事蔡爾翰醫師的特助，但真實的分工應該是蘇縣長在競選工作的特助。接任此一特助不久，二月一日晚上九點多，還在台一線奔走，行經官田工業區附近，接獲蘇縣長來電，急call回縣長公館，蘇縣長告訴我，如果三月二十日總統大選民進黨想要贏的話，二二八牽手護台灣一定要成功，而成功的先決條件，便是必須先行演練，讓正式活動得以圓滿執行，台南作為總統候選人的故鄉，牽手運動的預演當然應該從台南開始。這是賦予我的任務，策劃執行牽手護台灣的大預演，距離舉辦只剩三個多禮拜，中間還隔著農曆新年。

不論是被蘇縣長大格局的情勢分析說服也好，或是好不容易回鄉找到戰鬥位置非做不可也罷，總之接下籌辦牽手護台灣大預演任務，心想若是成功具足以影響大局的可能，不免令人雀躍，當下曾邀約工運合作的伙伴林宗弘，是否可以南下助陣，但因其生涯規劃的轉變，只能獨力進行。而牽手護台灣跟一般的群眾運動展示形式有所不同，將過去群眾運動的團狀模式，操作轉變成線型排列，就如同將麵糰搓揉成麵線一般，而且還得考慮政治動員和社運動員的差異又如何將之相互結合。在短短三個多禮拜的時間，要如何成功地動員了六、七萬人，來到台南縣轄區內六十五公里的台一線，鄉親們彼此手牽手，這樣的動員人數目標著實令人傷透腦筋，以一人張開雙臂作為牽手方式，一人約佔一公尺，如何將「人鍊」不間斷，當然得發揮動員能量，才有可能達標。接獲任務之初，立即打聽阿扁總統從故鄉出發的第一場造勢活動，總共動員多少人，竟是耗費一個多月才動員不到兩萬人，要如何動員到最起碼六萬五千人，在當初的競總不免瀰漫著失敗主義氛圍。所幸當年的總幹事蔡爾翰醫師的樂天鼓勵，執行總幹事黃先杜鼎力相助排除內部雜音，再加上潘輝全與陳福全兩位幹部的全力配合，才展開各鄉鎮市的動員體系。期間，李應元曾南下，連他都不免擔憂起，萬一台南大預演失敗，勢必將打擊二二八的牽手運動，也因此他一度提議與台南市許添財市長結合，不料卻被對方婉拒，之後他又提出改在台十七線，可以大量縮減動員壓力，也可達到預演成效，但此一折衷方案，遭蘇煥智拒絕，蘇堅持「完全預演」。既然是「完全預演」，除了原路段旅程數不減，人數規模雷同之外，當然也要設想若在二二八舉辦，那還要注意可能需預演的情事。於是乎，我打電話去民進黨國際部要求提供所有外國駐外單位在台的聯絡方式，讓中央黨部一頭霧水卻又難以拒絕的情況下提供協助，取得聯絡方式之後，我請當時從美國留學回來、前來協助的王小姐，將活動邀請卡與活動宗旨說明一併寄出，讓所有外國駐外單位得知此事的用意，在於外國友人可以透過牽手運動明白台灣人的集體意志，讓他們從大預演即可得知，預計二二八全國大型活動得以特別關注，台灣人將以牽手護台灣的方式表達守護台灣的決心。果然，在二二八牽手護台灣當天，許多駐外媒體大幅報導，使得活動效益不僅停留在選戰層次，也外溢到台灣主權意識宣揚的層次。

終究在面對一連串考驗之後，在台南大預演執行的前夕，召開一場盛大的行前操作會議，如何參與新的活動典範，不僅要讓幹部明白，也得讓其他縣市有可依循仿效的操作模式。因此，李應元動員各縣市競總的主要幹部前來旁聽台南的演練會議，只要二月一日牽手護台灣大預演成功，複製台南的經驗，即可連結到不同縣市的路段，就可完成台灣西海岸的大串連，形成人鍊。終於牽手運動大預演順利完成，也成功將台南的經驗複製到其他縣市，也因此二二八牽手護台灣出乎外界意料的成功，從而一舉扭轉當時總統大選的氣勢，此時我有如線民般暗助陳前總統連任，卻也是跟阿扁總統隔空結緣的開始。

或許是大預演讓我在故鄉打響了名號，就在隔年蔡爾翰醫師卸任縣黨部主委之後，在蘇縣長的力挺下，縣黨部有史以來首次主委同額競選，接任黨務系統輔選操盤手的角色。當時的台南縣是總統的故鄉，歷次的選戰結果，外界皆視為指標，放大檢視。擔任台南縣黨部主委身負整個總統故鄉輔選的重任，從縣長、議員、到鄉鎮市民代表、里長一路下來的輔選工作。就在國會議員的選舉時，跟陳前總統的接觸也就特別的多，記得有一次，阿扁總統南下，邀集幾位幹部在縣長公館餐敘並評估選情，總統一

2004 年立委選舉擔任操盤手角色。

見到我，馬上問：「主委，五席會不會全上？」彷彿回答不出五席全上，就無法坐上座位共進晚餐一般，面對總統對於故鄉選情的追問壓力，我展現自信與決心立即回應：「當然可以！」接著拉起座椅，大方坐下，稀哩呼嚕吃起難得與總統的共餐。從阿扁總統急於確認結果的追問態度顯示，其企圖力拼二〇〇四年國會席次過半的決心，特別是在造勢晚會之中，擔任主持人時，可以從旁觀察賣力演講、揮汗如雨下的陳前總統，簡直是比起自己在選總統時更加賣力，但終究還是功虧一簣，選舉結果雖是第一大黨，仍無法國會過半，阿扁總統負起政治責任黯然辭去黨主席，我跟陳前總統在黨務系統的互動也因此終止。

【惠安宮的靜坐與苦行】

不料，國務機要費的爆發，緊接著一連串事件，引發了紅潮，由施明德領軍的百萬紅衫軍在總統府前集結抗議，當時為了平衡一面倒的輿論壓力，我也發起了官田惠安宮連續九天「挺台灣、顧大局」靜坐活動，藉以聲援阿扁總統。但剛發起靜坐活動之時，頻頻受到內部雜音的干擾，多一事不如少一事的組織文化，對於非例行的活動都有所抗拒。在逐一跟立委公職代表懇切溝通後，終於完成輪值分工架構，由時任立委葉宜津、侯水盛、鄭國忠、黃偉哲、李俊毅加上我等每天靜坐十二小時，接著，每天召開記者會，天天都得要有新聞梗，不但得滿足黨公職曝光的需求，還要考量群眾在酷熱的南部天候得以有持續參與的動力，從白天到夜晚，每天十二小時，不論是點心飲料，還是節目安排或是找人助講，一手張羅，只希望活動不要夭折。一邊順從地方幹部的建議，循古禮敬拜惠安宮主神媽祖婆，祈求神明保佑讓活動得以圓滿。竟想不到在那酷熱的夏秋之際，每逢下午就會下起一些小雨，彷彿為民眾消暑一般，讓人內心感到莫名的巧合，有如神助的現象，也讓參與者嘖嘖稱奇。此外，也得求助於黨中央邀請大咖南下助講，但一開始竟被回絕。只有硬著頭皮自己想辦法，在東拼西湊不同大小咖的邀請下，群眾士氣得以持續加溫。到最後，竟然各路人馬爭相前來要求安排演講，以致於黨中央透過蘇煥智縣長要求加碼靜坐，繼續抗衡紅衫軍的氣勢，不過因地方有不同聲音，連續九天的活動已經干擾到社區的生活，最後與地方仕紳及基層民代討論的結果，還是見好就收，延續靜坐活動因此作罷。其實，在地方仕紳與基層民代討論是否繼續活動時，我並未在場，因為活動是否持續，交由他們來決定以示尊重。不過，在他們討論的同時，也就是第八天的夜晚，不論我在靜坐區，或是鄰近的雜貨店與人閒聊，都被蚊子不斷的叮咬，即使受不了蚊子叮咬，跑到工作區仍然持續被攻擊，此時內心閃到一個念頭，「是否是媽祖婆在趕客人了？」就在那一念頭興起的瞬間，當時的官田鄉長陳成文同時出現，告

2006 年「挺台灣、顧大局」活動。

知我地方的決議，建議不再延續靜坐活動。

事隔多年之後，我又重回惠安宮前的廣場。此次的返回，又是因為阿扁總統。在我當上議員之後，陳前總統早已深陷囹圄，不斷有鄉親想要為他伸冤，特別是他任內最重視的台南鄉親，鄉親們一直希望民進黨籍的黨公職應要有所作為，於是找上我，理由只因為我在黨部主委任內為阿扁做最多事，所以我應該再為阿扁發聲。回想當時的社會氛圍，確實令人感到憂心，不斷傳出的訊息是阿扁總統身體健康持續惡化，如果不改變其獄中人權的待遇，恐怕會真的出人命，屆時若引發藍綠群眾的對立甚至是仇恨，那麼台灣社會將更加的動盪不安。於是我找了邱莉莉和賴惠員兩位議員，發起「為人權顧台灣——尊重醫療人權、核准保外就醫」聲援阿扁總統的苦行運動，並從阿扁的故鄉官田惠安宮出發，一路從台南苦行六天到達法務部遞交陳情書，沿途受到不少各縣市黨公職的聲援，趁著跑攤的空檔加入苦行的行列，試圖共同喚醒國人對阿扁獄中人權的重視。

對於苦行，在社運領域多年的我當然不陌生，不論從林義雄先生所發聲核四公投苦行，亦或是陳前總統卸任之前，所間接交付的「入聯公投」苦行，其訴求所受到的迴響都相當正面，而我所受到的訓練，對於規劃這類的活動可以說是駕輕就熟，數天之內便完成企劃案，沿路安排住在廟宇或教會，以彰顯苦行的精神與意涵，只是沒想到這樣的安排，卻被同行者的參與者臭罵，「白天都已經走到腳起泡了，晚上還要我們睡硬木板床，你到底有沒有人性啊，走，我們要去洗頭了。」從此一生活細節的安排，就可以看出社運路線跟議會路線有所不同，剛當市議員的我，對待議員的方式確實仍停留在社運團體的思維模式，也至於苦行活動的調性得調整成不那麼苦。

審視當時的政治局勢，要發起聲援阿扁的苦行，得特別鎖定在獄中醫

2008 年台灣入聯公投苦行。

2012 年發起捍衛阿扁總統醫療人權的人權苦行活動。

療人權的部分，聚焦在人權層次的訴求，以免引起其他議題的延伸討論而失焦。果然社會對於當時阿扁總統如果因為醫療資源的提供不足，得不到人權應有的保障與對待，反應都相當的正面，加上馬政府執政下經濟環境不佳，倘若如前所述因此出現令人難以接受的意外，恐將會進一步激化藍綠對抗，而使國內政治局面動盪不安，甚至會演變成仇恨性、結構性的長期動盪，進而使台灣得來不易的民主，陷入到停滯、反挫的危機。在多方多次力挺人權的呼籲，馬政府也作部分正面的回應，使得陳前總統獄中獲得一定程度的重視。

【從被逆轉到逆轉勝】

正因為我和阿扁總統之間，有過這些間接性的合作戰役，也讓陳前總統和我見面時話題不斷，距離確實拉近不少。我和阿扁總統先前的空中合作，都是為了顧全大局，每每在不同在情勢發展之中，選擇對本土政權最有利的路線前進，鮮少考量所謂的派系因素，當然也沒有所謂個人的私心。就如同陳前總統後來選擇出手為我輔選，相信也同樣是基於顧全大局，放棄了派系與個人的情誼，畢竟扁家和陳筱諭家族本就友好，但阿扁總統和我之間，除前述種種於公的選戰有所交集外，私底下卻是沒有什麼交情的，這是陳前總統令人佩服之處，也是陳前總統對民進黨深厚情感的展現。過往在其執政承平時期，從檯面上的意見領袖到底下的支持者，各自存有大鳴大放的歧見，他可以包容；但真到了黨遭逢生存危機的關鍵時刻，彼此卻又能拋下過往成見，一致抵禦各種襲來的挑戰，阿扁在補選中適時出手，至今仍為選民所津津樂道！猶記得選前最後一天，阿扁總統指派陳致中議員陪同我在麻豆掃街，當時喊的口號即是「阿扁總統拜託，請支持郭國文」，而民眾看到陳致中議員，甚至比看到我還要熱情，可見麻

在擔任立委後，於 8 月間與黃偉哲市長會見阿扁總統，獲贈新書。

與邱莉莉及陳秋宏議員拜訪阿扁總統。

豆鄉親對於扁家的好感度依然未減。阿扁總統的出手輔選，確實讓深綠選民回流，而這也是勝選的關鍵因素之一。

11 一青妙與台南的相遇

猶記得在確定勝選的當下，許多的關心轉化成恭喜的訊息不斷傳來，連同幾位日本友人也不例外，包括一青妙、野島剛、以及野崎孝男，在第一時間紛紛捎來祝賀的問候，讓我備感窩心。礙於外國人不得介入選舉事務之故，他們在補選過程中沒能在角色上與我並肩同行，但關心不曾間斷過。事後見面得知，他們三人彼此間常常交換選情變化，一度已達成共識，認為此戰敗選無疑，並相互約定，敗選後就邀我到日本散心，據說行程都已規劃好了，沒想到這趟日本友人所安排的療癒之旅無法成行，最後的結果卻也讓他們喜出望外。如今想起，對於跨國友人的心意，始終還是點滴在心頭。而此書之所以會出爐，也是在他們的鼓勵之下，將生命中難得且驚險的記憶進行整理。三位友人當中，最讓我印象深刻的，是知性作家一青妙，除了她身為台南觀光大使的身分外，更重要的，是其與台灣之間的關係，是既微妙且深厚的。

【野島剛與一青妙】

與一青妙的相識是透過野島剛的介紹，而野島剛之所以成為摯友則是始於受訪的關係。在野島剛擔任朝日新聞特派記者的期間，常常問及台灣政局的發展，而我那時擔綱總統故鄉的選戰操盤手，所以在接受過幾次訪問之後，兩人便因此結識成為好朋友。記得有一年夏天，我帶著兒子，父子兩人前往東京自助旅行，當時野島剛恰好調回日本，於是在旅行期間，我和野島剛相約共進晚餐，期間我問野島：「你印象當中，在日本出版的書籍中，有沒有用日文介紹台南的書籍？」野島當下很肯定地跟我說：「沒有。」於是我再詢問他，「那你是否可以幫我找一位，能用日文來介紹台南的人選？」

野島剛問我：「為什麼要找能用日文介紹台南的人呢？」我向他解釋：「一個外國城市的發展，如果沒有透過本國的文字來傳播，民眾要如何深度認識這個城市的奧妙呢？而且我一向認為，台南城市的氣息與日本比較相符，若想要吸引日本的觀光客，台南的文化底蘊、日式建築，以及台南的特色小吃，應該都是能夠獲得日本觀光客青睞的關鍵因素。然而，這些旅遊資訊必須藉由深刻描繪的文字敘述，做到跨語言、跨文化的城市行銷才能成功，如何找到關鍵的 Keyman，便是不可或缺的。」野島剛聽完之後，當下表示願意向我推薦一位友人，就是一青妙。

出席野島剛的新書發表會。

與野島剛合影。

巧合的是，在回程搭乘飛機時，隨手拿起機上雜誌閱讀，竟看到一篇一青妙寫的文章，而文章旁也附註一青妙的背景，台日混血、顏家的後代、基隆的女兒，其父顏惠民，出身基隆顏家，經營基隆礦業與瑞芳九份金礦；其母一青和枝，生於日本石川縣。一青妙於父親過世後，與妹妹一青窈改從母姓，本身既是作家又是舞台劇演員，甚至還有牙科醫師的執業身分，真是多才多藝啊！當下儘管對一青妙的多才多藝感到驚艷，但她會是一個介紹台南的理想人選嗎？我雖然不太確定，但還是選擇相信野島剛的推薦。

回到台灣之後，我便開始積極向台南市文化局爭取預算，希望文化局能夠擠出預算來促成以日文行銷台南的構思，當時的文化局長葉澤山不知是礙於議員的強力要求或是認同我的想法，透過行政資源的撥補，安排一青妙到台南進行相關採訪事宜。

一青妙後來出版《わたしの台南：「ほんとうの台湾に出会う旅」》，這本書寫出台南的文化，也寫出了台南獨特的味道，而這股台南味，如我當初所預期的，吸引很多日本人前來台南觀光旅遊。台南在日本人的觀光選擇據點上，向來都不算是主流，日本人來台旅遊一向以台北或花東為主，若到南台灣則是前往高雄，跳過台南。但沒想到這本介紹台南的日文書引起諸多日本人的共鳴，使得出版社不斷地再刷，最終共出版了五刷，而出版此書的新潮社看到這本書所掀起的旅遊熱潮也感到非常的意外與驚訝，甚至以此書為例，在編輯會議上討論是否能夠持續出版類似的書籍。

一青妙著作的成功，陸續帶動很多人用日文來介紹台南，不但吸引眾多日本媒體前來報導，也間接帶進為數頗豐的觀光產值。而這本書後來翻譯成中文也一樣受到讀者們的喜愛，頓時讓撰寫台南旅遊書成為一種顯學，端看近年來日本遊客開始青睞到台南這座古都觀光，顯見透過書籍行銷台南的模式，對於長年習慣閱讀的日本來人說，是相當奏效的。從官方數據上來看，日本來台遊客在十年間成長將近一百萬人次，又日本觀光客在台南的住宿率皆佔有三成以上的比例看來，日本的這股「台南熱」，還在持續的蔓延中。

【台南市的代言人】

還記得一青妙《我的臺南：一青妙的府城紀行》中文版發表的那天，我也受邀參加新書記者會，我在當時的賴市長面前致詞時，娓娓道來引介一青妙撰寫本書的過程，並且當場向賴市長做了大膽的公開提議，請賴市長聘請一青妙成為台南的觀光親善大使。沒想到接續發言的賴市長一口答應，在會場有眾多一青妙的日本友人和應援團的面前，力邀一青妙成為台南市的觀光親善大使。

與一青妙合影。

2015 年 6 月一青妙的《我的臺南：一青妙的府城紀行》一書於台灣台南出版了中文版，會中與一青妙和賴清德合影。

有了官方認證的觀光親善大使的身分，一青妙開始以城市大使的身分在日本各地進行演講，由於她身兼舞台劇演員、牙醫、以及作家等多重身分，使其得以接觸到更廣泛的群體，讓演講本身的影響力能夠感染更多日本民眾，坐實行銷台灣城市之美的廣宣效果。這讓台南的城市知名度逐漸在日本打開，進而受到許多觀光客的關注，甚至在她採訪對象當中的一個「馬路楊檳榔攤」，也成為日本人最愛到訪的帶路店，到目前為止應該有超過五百組（約莫三千多人次）遊客慕名而來。馬路楊檳榔攤，或稱馬路楊檳榔會社（店名：楊双冬檳榔）是位於台南市中西區的一間檳榔攤，經營者為楊馬路，因為一青妙的書籍介紹而在日本暴紅。楊馬路經營檳榔三十餘年，十分熟識在地的文化，但是最有趣的是，老闆本身不懂日語，而是以比手畫腳的方式進行介紹，竟然也能為五百組以上的日本客人帶路，或許這正是突顯台南的人情味，是得以跨越語言溝通障礙、拉近不同文化族群的特質吧！也因為一青妙將日本觀光大使做得有聲有色，而獲得賴清德市長持續聘任，而聘任即是一種肯定，記得她拿到續聘證書時，我跟野島剛在台南的知事官邸為她祝賀，她那雀躍欣喜的表情至今仍令人難忘，彷彿是個小女生拿到她最心愛的禮物一般。而往後每一年賴清德主政下的台南市政府持續聘任，也因為觀光大使的名號持續響亮，開始有了其他人的加入，但不管如何，在我眼中，為台日關係與城市交流貢獻最多的還是台南市政府首位的觀光大使一青妙。

一青妙因為寫作的緣故，藉由深度採訪在地的風土民情，與台南結下深厚關係，也在因緣際會之下、結識當時的賴清德市長，讓台南和日本的城市交流，開創出另一個嶄新的往來渠道。除了官方的拜會之外，兩地旅客的直向交流模式，更加拉近台日民眾間的友好情誼；其中，記得在〇二〇六南台灣大地震即將屆滿周年的時刻，賴清德市長獲邀前往位於日本東

一青妙獲聘為台南城市親善大使。

京的「日本記者俱樂部」(Japan National Press Club)、以「新時代的台日交流—因震災援助連結台灣與日本」為題發表演講，暢談台日兩國分別在歷經九二一大地震、三一一大地震、〇二〇六地震、以及熊本強震等歷次震災過程中，患難見真情的民間交流經驗，更是創下該俱樂部的先例，成為在該場域演說的首位台灣政治人物，為台灣的城市外交，寫下了新的篇章。過去，該俱樂部所邀請的對象，多為國家政治領袖等級的人物，而賴清德市長當時能夠獲邀演說，一青妙、野島剛，甚至是後來另一位城市外交大使野崎孝男，都居中扮演一定程度的重要角色，可說是為我國的城市外交，做了最佳的紅娘。

後來台南市政府又和一青妙合作出版第二本書，結合台南的歷史建築與旅遊路線，並經常性的邀請一青妙進行演講，使得一青妙在日本成為台南城市的最佳代言人。但更有趣的是，一青妙並不是在台南這城市成長，卻在撰寫這兩本書的採訪過程中，重新體會到自己和台灣的關聯性，在她台日混血的靈魂深處，交雜著對兩國的歸屬探索，在撰書的字裡行間，燃起對台灣的情感與認同，並逐步在腦海構築自我想像中的台灣意象，著實是難得又奧妙的尋根溯源經驗。認同的議題本身極為敏感，究竟在不斷台日之間穿梭的一青妙，會有何變化不得而知，只不過，從一青妙的背景看見不少台日關係歷史發展的縮影，眼前與未來將持續穿梭在台日之間的一青妙究竟是日本人、還是「日台人」、或是「台日人」，相信只有她自己內心才明白。

對照一青妙與賴清德市長之間的成長歷程，說起來也有著因緣間的巧合：一位是礦場富家女、一位是礦工之子，但是兩人從來沒有因為礦產的事情進行過相關的對話。然而，我們從兩位的身世可以推估，出身萬里的賴清德父親，礦場所在地也是屬於顏家所有，雖然沒有仔細考證，但賴清德的父執輩當時應該是在為顏家服務；想不到數十年之後，顏家的後代以不同的方式，來幫忙賴清德市長行銷台南觀光，真是奇妙的緣分。我先前曾試著邀請兩位來場隔代對話，希冀從不同世代、不同國別的與談中，重新拼湊台灣往昔的歷史記憶，可惜始終未能促成，但願未來有機會能夠實現這個想法，相信那又將創造另一段台日情誼的佳話。

12

專文：日本的體制與選制促成了誰的野望

——二〇一七日本國會觀選的解析

二〇一七年九月中旬乍聞日本安倍首相透露出解散國會的的意圖，時機相當湊巧，正逢不久前蔡英文總統拋出修憲的想法，不論選制或體制產生的現象在國會改選之中或有參考之處，基於過往對於台日選制比較的研究興趣，再加上此次修憲可能有體制重新變革的可能，因此前往日本進行國會觀選。從九月二十八日首相安倍晉三於開議時宣布解散眾議院後，日本隨即進入第四十八屆眾議院議員總選舉，而政壇隨之的演變可說目不暇給，相較於五年前的國會解散改選，此次的精彩有過之而無不及。最後在十月二十二日的投票結果中，安倍帶領的自民黨與結盟的公明黨在總席次四百六十五席中共獲得三百一十三個議員席次，超過三分之二的修憲門檻，光自民黨本身的兩百八十四席就已超過了國會穩定多數的門檻。然而預估掀起第三次小池旋風的新政黨「希望之黨」，卻僅獲得五十席，反而從民進黨獨立出來的左派政黨「立憲民主黨」取得五十五個席次，成為最大在野黨。這次日本大選的結果，除了看出自民黨執政之優勢以及在野黨未能整合之外，其實當中也逐漸浮現出日本內閣制與選舉制度當中的一些隱憂與難題，而相關的制度設計同樣影響了在野政黨如何採取有效策略尋求翻轉的契機，以及地方政治領袖能否一掌國家大權的命運。

一、體制、選制與黨制造就安倍獨強

日本二戰後歷史上發生過二十三次之眾議院解散，而安倍晉三首相此次解散為第二十四次，而且僅是其中第四次於議院開議時即宣布解散的情況。在這不多見的國會開議即解散國會的案例中，特別是安倍在八月內閣改組的不久之後，急於解散國會進行改選，顯見其對於改選時機有一定程度的把握。多數分析指出近期安倍面臨的加計學園、森友學園等弊案疑雲，迫使安倍必須提前解散眾院，而恰巧在野的民進黨蓮舫因東京都議會選舉失利辭職，黨魁換人後又爆發山尾不倫事件，或許讓安倍認為機不可失，因而僅以北韓問題等「國難突破」但普遍被認為是「大義」不足的理由解散眾議院進行改選。但從安倍得以執意於此時解散眾議院進行改選來看，似乎正突顯出日本內閣制及選制所造成的執政黨黨魁集權的現象。

目前日本憲法第七條賦予了內閣（其實也就是首相）可以無任何限制主動建議天皇解散眾議院的權力，此為執政黨黨魁一人即可決定，這賦予了首相相當大的掌控權。戰後日本眾院解散中，也僅有四次是因憲法第六十九條之不信任案而被動解散，其他都是屬於首相主動解散的情況。當然，內閣制國家傳統上皆賦予首相主動解散國會的權力，讓國家遇到政治爭議時可以最新民意來一次總結清。但是，其他國家首相決定解散國會仍需要黨內多方討論，因為一次的改選總是耗費不貲。但安倍此次散眾議院，獨強態勢不言可喻，而安倍也巧妙地抓住時機以其獨強運用了這項權力，讓自己的野望趁此得以實現，一來可以擺脫上述弊案的陰霾，二來可以持續邁向修憲的目標。然而，安倍的獨強除了有國會解散權這把寶劍之外，或許更關鍵的是一九九四年以後更改的小選區與比例代表兩票並立制讓其可盡情揮舞。

日本從一九九四年開始將眾議員選舉制度從中選區制，變更為小選區與比例代表兩票制。原本的中選區制度下，是為了鼓勵多黨制的產生，讓當時的政黨在每個選區中都有機會獲得席次，藉以促進政治權利的分享。

而候選人為求更多選票支持，通常會呈現較多的個人特色，選舉結果也較能選出素質較高或個人特質突顯，而非政黨色彩較濃的當選者。簡言之，相對自主性較強的國會議員較能在此一選制中產出。然而實際的運作後，雖然小黨有取得席次的機會，但自民黨持續取得優勢，反倒更造成派閥政治的問題。而為了解決派閥與落實政黨政治，所以在自民黨主導下改為小選區制。但從中選區改為小選區制的結果，選區內幾乎成為黨對黨捉對廝殺的態勢，甚至是黨首對黨首的對決，並由此來決定選區候選人當選與否，這使得候選人個別特色成為選民主要選擇取向的可能相對弱化。

另外在規模大且悠久的政黨黨內提名機制中，以自民黨為例，仍會以地方黨部推薦為主，因而候選人能否提名皆得看大老的臉色，更不用說地方選區外還有將近四成的由黨列名單的比例代表制席次。在此情況下，特別是與執政黨同黨的議員，就相對無議論的空間。而當首相宣布解散國會之際，除了更需表示政黨效忠之外，就別無選項，以避免遭黨內打壓而未被提名以及日後參選過程中的被冷落。因此，在小選舉區制實施後，除了原先派閥弱化無法再制衡黨魁之外，在國會內也因為國會議員的個別弱化，無法有重大事件的議論空間。所以除了日本小選區並立制對大黨所創造的席次紅利所帶來的政黨優勢之外，掌有黨內相關權力的黨魁、現任首相，在外政黨獨強，在內黨魁獨強，擁有專屬國會解散權，故集大權於一身也成為自然的現象。除非，在黨內有人可以挑戰其黨首之地位或執政失能，否則，日本的首相在既有的制度設計中相對屹立不搖。

二、首相獨權下的民主失衡隱憂

如上所述，日本選制改變之後間接地降低了國會議員的素質，也同時壓縮了國會議員的自主性。同時，體制上在首相擁有不受限制之國會解散權下，隨時可以解散國會，這也造成議員之任期未受保障，無法因固定任期而擘劃並推動較長遠的政見。而國會解散後又必須於四十日之內完成改選，而實際上真正的選舉的日期大約只有兩週，因此候選人，尤其是在野黨候選人，通常無法真正提出縝密思考之政見，選民也未能有充足時間瞭解各候選人與其政見，而只能在政黨認同與黨首魅力之中進行選擇。因此，讓首相擁有不受限制之議會解散權，雖然是以改選訴諸最新民意，但是實際上卻是讓非直接民意決定的首相掌握是否訴諸民意的決定權，這不但與民主的精神大相徑庭，也將使得上述問題持續惡化。

另外，在小選區選舉制下，造成政黨得票率與席次比例不均衡的情況已是各國普遍的狀況。而日本所採行的小選區並立制，過去幾次大選，所呈現的「不比例性」（disproportonality）同樣嚴重，好比二〇一四年的選舉，自公聯盟的得票率為四十八・二%，低於在野合計的五十一・八%，可是其議員席次獲得率卻高達六十八．四％。而這種民意支持與實際席次的落差的不比例性後果，筆者過去就曾分析會明顯對於大黨有利，且有「大黨恆大」的趨勢。且從制度面向的發展而言，此一選制的持續沿用，政黨體系朝向一黨優勢的可能性則越強。而這次選舉的結果，自公聯盟的得票率也是未過半的四十七．六％，但獲得席次比例一樣高達六十七．三％。因此，一黨優勢持續，而更加證明優勢執政黨的黨魁可以任意行使國會解散權，這確實已成為日本選制變革後的新難題。

針對此一首相獨強的可能難題，同樣是內閣制傳統的英國，已在二〇一一年制訂《定期國會法》，規定首相需要在下議院三分之二以上的議員同意下才能解散國會，用此限制首相的主動國會解散權。但反觀日本，以自民黨目前所掌握的優勢，且社會輿論並未過多的關注下，恐怕制度獨強的空間仍會持續而不易改變。

三、小池排除結盟終究是「小池」

日本此次改選的觀察重點，也包含了東京都知事小池百合子新組的希望之黨對於整個選舉的影響。安倍首相一宣布解散國會，東京都知事小池百合子挾去年都知事選舉與七月都議會選舉大勝之姿，立即成立了希望之黨，以期在國會選舉中掀起第三次旋風，以挑戰執政聯盟並取而代之。但小池卻拒絕了民進黨內的自由派（左派）人士結盟，導致民進黨未能全數加入希望之黨，無法形成在野大聯盟，使得自由派另組立憲民主黨，不僅重挫在野黨的聯合氣勢，也造成在野勢力的分裂，種下敗選的因子。

過去日本在野政黨之間的重組合併與成立新政黨的情況經常出現，例如二〇一二年由橋下徹組成的「大阪維新會」就更名為「日本維新會」參與國會選舉，同時併入東京都知事石原慎太郎新組的「太陽黨」，並由石原擔任黨魁，兩大地方諸侯聯手進軍國會。當年掀起地方政治旋風的橋下徹，與雄霸一方的石原知事，大阪與東京兩大雄藩所帶領的在野聯盟，雖然在挑戰國會選舉時雖贏得了五十四個席次，成為第三大黨，但距離當時的自民黨兩百九十四席仍有相當大的差距，由此可證，即便雄霸一方的地方要角的結合，也很難撼動自民黨的大軍壓境。而此次小池百合子同樣從地方選舉中崛起，雖然也取得與上述二人聯手相差無幾的席次，但若是能結合立憲民主黨或許能取得過百、甚至更多的席次。但其卻未能理解個人魅力與地方諸侯進軍國會的限制，執意排除自由派，棄置在野大聯盟的路線，導致其也失去了再造旋風的機會。

小池在東京都層級之選舉中，可以異軍突起擊敗當時身負醜聞壓力的自民黨，造成第二次小池旋風，但是在全國層級的選舉中，確實很難複製地方選舉的模式。究其原因，一來小池原本所主導的政黨「都民第一會」

是地方型政黨，以小池的人脈為主要班底，以個人魅力打擊自民黨旗下的地方議員顯得綽綽有餘，但國會解散改選，時間短暫且緊迫的情況下，小池並未能有時間培養出足夠參與國會層級選舉的候選人。二來在民進黨黨首前原一廂情願的拱手相讓在野主導權情況下，小池竟挑三揀四，無視眼前安倍解散國會的逆襲，或許迷思於在野個人魅力與先前的連戰皆捷，導致戰略取捨的錯誤產生。

過去日本當然在二〇〇九年曾發生過政黨輪替，但當年自民黨本身問題重重，民心思變，加上支持度上升的民主黨也是創黨多年，在國會當中也是擁有一定比例以上的席次，且當年選舉也不吝與他黨結盟。而希望之黨的崛起，並非當年的民主黨，因此也無法複製當年的選況。小池未能明察自己的侷限，排除自由派成員，排除了在野大聯盟，最終也排除了自己在歷史上的可能地位。因此，小池在政治的影響力終究是「小池子」。

若從體制差異比較而言，類似前大阪市長橋下徹，或是前東京都知事石原慎太郎，以致於現今的小池百合子，在既有內閣制的框架下，除非能夠長期養成足以抗衡自民黨政治部隊，隨時可以投入解散後的國會改選，若要執政，別無他法，只能選擇在野大聯盟的方式。另一種可能，日本中央體制改為總統制，或許大都會的地方諸侯可以挾個人名氣與威望，直接挑戰大位，但體制改變的可能性很低，否則以目前日本在野黨幾乎四分五裂的情況下，日本政壇仍將是

前往日本觀選的照片。

自民黨的天下。或許在野黨仍有執政的機會，除了執政黨有嚴重之執政疏失，或許在野黨需要一位當今的坂本龍馬，並找出不同陣營的桂小五郎、西鄉隆盛，並能夠再次促成當代的薩長同盟，否則在野黨仍將持續在野，而九零年代中期以來，日本選制變革企圖創造兩大政黨輪替的可能性，似乎仍有相當的距離，至今仍是一黨優勢體系的局面。

四、對臺灣相關制度的反思

反觀臺灣，自二〇〇八年的立法委員選舉開始，即採用了仿效日本的單一選區兩票並立制，同時席次減半至一百一十三席。此制度雖也選出了三屆的立委，但似乎同樣浮現了一些問題。這些問題是否與我們觀察到日本選舉與選制所產生的問題有所類似？

首先，單一選區（小選區）制容易造成得票率與席次比不對等的情況，這在台灣的選舉結果中也同樣出現。加上席次相對較少，此種「不比例性」的狀況更加嚴重，甚者，臺灣更多出了地區爭席次劃分的爭議。因此單一選區與選區劃分，加上席次有限，讓票票不等值的狀況更加難以解決。也同時由於這種不比例性，席次上的落差容易引起在野黨的抗爭杯葛文化，這也是一種穩定兩黨制不應常出現的狀態。其次，單一選區加上比例代表制的結果，在台灣也同樣容易出現民意代表素質降低，以及黨中央權力大增的隱憂。尤其日本還有參議院可以制衡，而台灣的單一國會，黨主席更具有相當大的權力。不過，在臺灣的政黨提名還有初選的關卡，因此相較於日本，國會議員素質不至於弱化太多。

蔡英文總統近期拋出了憲法改革的議題，對於臺灣的選舉制度與中央政府體制的討論，也再度引起關注。而其中的爭議點，透過此次日本選舉的觀察，或許可以得到一些借鏡。目前對於中央體制的變革雖有不同於總統制而朝向內閣制的呼聲出現，但不同體制選項的背後的共識，就是排除目前的雙首長制，希望朝向單一首長的設計。但不同體制的選擇，在臺灣究竟會成就了什麼樣的政治工作者的野望？在此次的觀選中發現，若是採內閣制的精神，曾為一方之霸的地方首長，即便是六都的市長，若是沒有派系支撐，或是結盟的對象，即便個人魅力再大，也很難在內閣制之中，成為一國之首的可能。反倒是熟於縱橫捭闔型的政治人物，若加上派系的支撐，卻比較容易登上大位。而若是採總統制，有豐富地方執政經驗及個人魅力型政治人物則比較有機會複製選舉的旋風，取得人民的信任。也因此，日後修憲的討論過程中，除了體制選擇的公共分析，也同時蘊含著將產生什麼樣型態的領導人，當然也可以預知將成就了哪些人的野望。

不過，不同的制度選擇，比較不易完整判斷其產生結果的良窳優劣，倒是要結合不同體制與選制，甚至是政黨的初選制度之間所能產生的共伴效應，才是更需要宏觀檢視比較制度的重要依據。

國家圖書館出版品預行編目資料

苦瓜臉的逆轉勝：郭國文的國會下半場 / 郭國文
作. -- 初版. -- 臺北市：前衛, 2019.11
228面；15x21公分. -- (新國民文庫；NC115)
ISBN 978-957-801-895-2(平裝)

1. 郭國文　　2. 臺灣傳記

783.3886　　108019066

苦瓜臉的逆轉勝
——郭國文的國會下半場

作　　者　郭國文
執行編輯　張笠
封面設計　Lucas
美術編輯　宸遠彩藝
出 版 者　前衛出版社
10468 台北市中山區農安街153號4F之3
Tel：02-25865708　Fax：02-25863758
郵撥帳號：05625551
購書・業務信箱：a4791@ms15.hinet.net
投稿・代理信箱：avanguardbook@gmail.com
官方網站：http://www.avanguard.com.tw
出版總監　林文欽
法律顧問　南國春秋法律事務所
總 經 銷　紅螞蟻圖書有限公司
11494 台北市內湖區舊宗路二段121巷19號
Tel：02-27953656　Fax：02-27954100

出版日期　2019年11月初版一刷
定　　價　新台幣350元

ISBN 978-957-801-895-2